ミシェル・オバマ

愛が生んだ奇跡

デヴィッド・コルバート
井上篤夫 訳・解説

Art Days

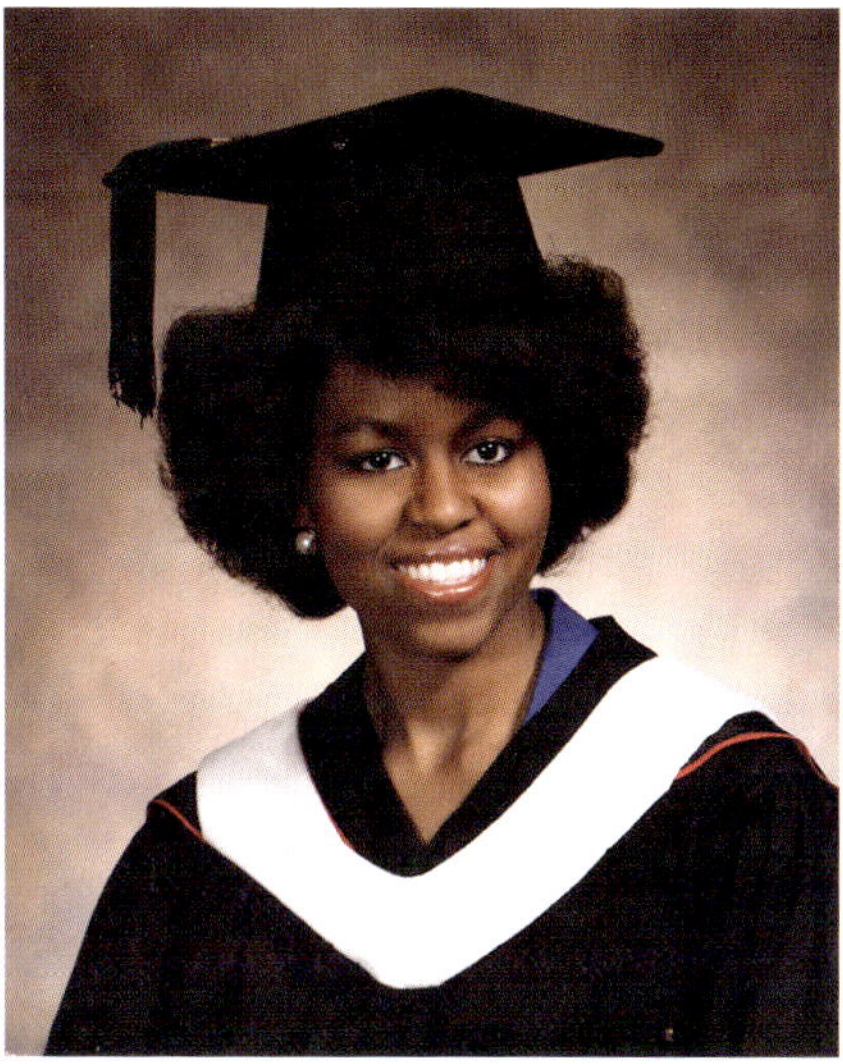

1985年プリンストン大学卒業の時　Splash/ アフロ

1860年南北戦争直前のサウス・カロライナの奴隷小屋と奴隷の子供たち　Hulton Archive/ ゲッティ イメージズ

幼少時代のバラク・オバマと
母親のアン・ダナム　EPA＝時事

1970年、9歳の頃のバラク・オバマ（右）と母（中央）、インドネシア人の義父（左）、
妹のマヤ（1歳）　EPA＝時事

結婚式でのバラクとミシェル（1992年10月18日の挙式の日）AFP＝時事

1990年、遠距離恋愛をしていたころの二人 Splash/アフロ

2004年イリノイ州から上院議員に立候補した頃のオバマ夫妻と娘のマリア6歳（右）、サーシャ3歳（左）　ロイター / アフロ

2008年6月、民主党大統領候補選挙中の夫妻（シカゴの空港で）　AFP＝時事

ミシェル・オバマ～愛が生んだ奇跡～　目次

装丁・山本ミノ

ミシェル・オバマ
～愛が生んだ奇跡～

日本語版刊行に寄せて

井上篤夫氏と出版社のアートデイズがこの本を日本の読者に届けてくれることになって私はとても幸福です。彼らは特別な努力をしてくれました。私はそのことに感謝しています。ミシェル・オバマの物語の本質は、アメリカ人と同様に日本人もよく理解できるものでしょう。彼女のたくましく愛すべきファミリーは、多くの障害に打ち勝って、彼女の偉業を可能にしました。ミシェルが仕事と家庭での役割のバランスをうまく取れたのは彼女に猛烈な行動力とユーモアのセンスがあったからです。（このバランスは、彼女がバラクにゆっくりゆっくり教え込んでいったものでもあります。これぞ、彼らの家庭のもう一つの真実です！）もっとも大事なことは、彼女が何かに挑戦し、その結果、失望したとしても、なお、彼女の人生には愛と希望が満ち溢れていたという事です。そして、バラクの世界とその次に我々の世界を変えようという愛と希望の力が。

本書を楽しんで読んで頂ければ幸いです。

デヴィッド・コルバート

序章

二〇〇八年大統領選挙の一年前、ワシントンD.C.ニュース新聞のホームページ『ウォンケット』に、「ミシェル・オバマはどうすればファーストレディになれるのか?」という記事が掲載された。そのころ、バラク・オバマは民主党の指名獲得を目指す大勢の候補者のひとりにすぎず、まだ世間にあまり知られていなかった。ヒラリー・クリントンが候補指名を受けるとだれもが思っていた。しかし、そのころすでにミシェル・オバマには熱狂的なファンがいた。やがて、彼女のファンは全米にその数を増してゆく。バラクと同じく、いやそれ以上に、ミシェルは新鮮で魅力的な存在だったのだ。

「ミシェルには裏表がない」

と彼女の友人は言う。

「いつも正直だ」

と兄のクレイグ・ロビンソンは言う。

こういう事実がある。ホワイトハウスのハウスキーパー（清掃係）にミシェルがまず言ったのは、「娘たちは自分のことは自分でできます」と伝えた。

彼女は言う。私の父母ほどすばらしい両親はいないと思っています。異論をはさまないでほしい。

ミシェルはいまも兄から相談を受けることがある。

彼女は人の心をしっかりと受けとめる。長年の友人は、「人と心を共有できる」と、ミシェルのことを表現する。包容力があり、気むずかしい子どもたちでさえ、ミシェルと言葉を交わせば心を開く。今も二五年前に大学の託児所で出会った子どもたちの何人かは、彼女の友人だ。

子どもには優しいミシェルだが、子どものころは大人に対してとても厳しかった。先生が約束を破るようなことがあると、すぐに責任を追及した。

彼女は怒りっぽい。だが、幸いなことに、その怒りはすぐに収まる。

クラスでいつも課題を真っ先に片づけて出てくるのはミシェルだ。

お願いさえすれば、ミシェルはテレビ漫画スヌーピーでおなじみの『ピーナッツ』の『ライナスとルーシー』をピアノで弾いてくれる。

彼女はバラクよりも用心深い。「Yes We Can」と国民を説得する前に、バラクは妻を説得しなければならなかった。

バラク・オバマが一躍注目を浴びたのは、二〇〇四年の民主党全国大会だった。基調演説という大役を仰せつかった無名の州議会議員に、彼の妻は「ドーンとしてりゃあいいのよ、あぁた！」と、緊張をほぐすためにふざけてみせた。

彼女は自分の生き方に悩んできた。プリンストン大学を優等で卒業し、ハーバード大学の大学院で法律学の学位を取得したのはひとえに彼女の努力の賜物である。しかし人生における選択が適切であったか幾度も考えた。

では、彼女のすべてはどこに由来するのだろうか？　ミシェルは自信に満ちあふれている。どんな課題にも果敢に立ち向かう。そして彼女は自分のことを「ごく普通」だと考えている。「努力しなさい」という両親の教えを素直に聞いただけのワーキング・マザー（働く母親）だと思っている。「私のようになれる」と生徒たちに向かって言うとき、彼女は本気でそう思っている。

記者たちに、バラクとミシェルは普通ではない、あまりに多くを達成していると言われると、彼女は機嫌が悪くなる。まるで二人がプリンストン大学やコロンビア大学、ハーバード大学を卒業しただけでなく、二人の娘たちの子育ても両立させていることが意外だとでも言われているようだからだ。彼女の知り合いには同じことをやっている人が大勢いる。ミシェルはそんな友人たちの存在にも気づいてほしいと思っている。私の友だちにも目を向けて――ミシェルはそう言っている。

買い物にゆく時間がなくてオンライン・ショッピングする――ミシェルが普通のワーキング・マザーだというのは本当だろう。

しかし、もちろん、ミシェルとバラクがあらゆる面で「ごく普通」というわけではない。彼らの生い立ちはユニークだ。また、ミシェルは奴隷を先祖にもつ史上はじめてのホワイトハウス居住者だ。これには重大な意味があり、彼女もそのことを承知している。

ミシェルの先祖は、サウス・カロライナ州のプランテーション（大農園）労働者。非常に過酷な環境だったことで知られている。南北戦争、ジム・クロウの人種差別法、アフリカ系アメリカ人たちの北部への大移住、一九六〇年代の公民権運動、女性解放運動――ミシェルの祖先たちはまさしくアメリカの歴史の渦中にいた。そんなホワイトハウス居住者はかつていなかったのだ。バラクでさえこれに当てはまらない。

バラクの家族——両親と育ての親である祖父母——も、また別のアメリカの歴史を背負っている。新天地を求めて移住を繰り返した人々である。バラクの実父はケニア人。チャンスを求めてはるばるアメリカにやってきた。母親と母方の祖父母は、数百年にわたるアメリカの伝統を継承している。セカンド・チャンス、サード・チャンスを求め、西へ、西へと進んだのだ。カンサス州から西部のワシントン州、そしてハワイへ。バラクはそこで生まれた。

アメリカン・ドリームに魅力を感じない者はいないだろう。一夜にして成功を収め、夢を実現させた人物のエピソードに、人々は胸を踊らせる。だがミシェルの生い立ちは、先祖から受け継がれてきた夢を、どれほど長い年月がかかろうと、抱き続けることの大切さを、我々に教えてくれるのである。

1章　深い絆——ロビンソン家の人々

目標は兄のクレイグ

一九六八年のシカゴ。四歳の女の子ミシェル・ラヴォーン・ロビンソンは母マリアンに「ほっといてほしい」と思っていた。母は娘に本の読み方を教えようとしていた。ミシェルは母に手伝ってもらいたくなかった。二歳年上の兄クレイグは、ミシェルの年齢のころからひとりで読んでいたのに。クレイグにできるなら自分にだってできる——そのことをみんなにわかってほしかった。

結局、ミシェルの思うようにはいかなった。マリアン・ロビンソンは娘に本の読み方を教えた。ミシェルの性格は変わっていない。ミシェルはまわりを見て、自分で目標を決め、それに向かってひたすら努力する。

クレイグと同じようにやるのは大変なことだった。兄は二年生を飛び級しようとしていた。母が言うには、息子は「教科書を読まなくても試験に合格する」。ミシェルはクレイグを見ていて「兄のようになりたい。さらに追い越したい」と思った。

やがて彼女の才能は、クレイグのそれに匹敵するようになる。読書だけではなく、スポーツにも、トランプやチェッカーゲームやモノポリーにも、もちろん学校の成績にも及んだ。だが、ロビンソン家の兄妹は良きライバルだった。一緒に夜ふかしをして、一緒に遊んだ。兄は妹をかわいがった。後年、全米放送のテレビ演説のなかで、ミシェルは兄のことにふれた。

「私の先生であり、保護者であり、生涯の友人です」

たとえば進路のこと。どの大学で学ぶのが正しい選択なのか――ミシェルは兄に相談した。居心地のいい環境を捨て、困難が待ち受けている道を選ぶには勇気がいる。クレイグは言う。

「ミシェルは慎重すぎると思われることがあるかもしれないが、それは頭が良すぎるから。妹はとても優しくて、思いやりのある女性です。重要な決断をするとき、僕は妻か妹に相談することにしています」

この兄妹はとても仲がいい。その理由は単純である。ひとつは、仲良くないことを両親が許さなかった。それに、ミシェルもクレイグも人が良かった。細かな理由はもっと他にもあるだろう。大統領選挙運動の最中、クレイグ・ロビンソンは記者たちにこう言った。

「ミシェルがどんな人間なのか知りたいなら、父について知る必要があります」

クレイグは自分のことを語ってもよかったのだが、フレイザー・ロビンソン三世の生き方は、彼の子どもたちの人生観に大きな影響を与えている。それは、ミシェルがホワイトハウスに入ることができたことに深く関係しているからである。

父はヒーロー

一九七〇年代初頭のシカゴ。一〇月の肌寒いある日のこと。小学生のミシェルは父と手をつないで近所の家を訪ねた。玄関ドアをノックして待つあいだ、父は杖で体を支えてしっかりと立っていた。フレイザー・ロビンソン三世は大柄でたくましく、ボクシングと水泳が得意だった。だが、ミシェルが生まれる一年前、三〇歳のころから、運動麻痺《まひ》をともなう難病である多発性硬化症（ＭＳ）を病んでいた。やがて松葉杖をつくようになり、電動カートに乗るようになる。このころはもうあまり長い距離は歩けなくなっていた。

ミシェルは父のことが大好きだ。崇拝していると言っていいだろう。同時にとても心配していた。

ドアが開き、父娘は中に入っていった。父はスカーフと手袋をはずそうとする娘に手を貸した。少々時間がかかるかもしれないが、父の大切な要件があっての訪問だった。ただ世間話をしに来たわけではない。フレイザーはシカゴの民主党の選挙区幹事だった。選挙が近づいているが、その家は引っ越してきたばかりで、まだ有権者登録をしていなかった。

三〇数年後の二〇〇八年、投票日を間近にひかえ、ミシェル・ロビンソン・オバマはこの日の父のことを思い出していた。投票日の一週間前、ミシェルは父がしたように、投票するようにと国民に呼びかけた。ラジオで人々にこう訴えた。

「私が子どものころのことです。私は父に連れられて何軒もの家々をまわり、投票するようにとお願いしました。キッチンに腰かけ、人々の意見に何時間も耳を傾けました。彼らの不安や夢、子どもたちの将来のことなどについての話です。帰るとき、父は『必ず投票所に行くように』と念を押しました。たった一票が私たちの夢を実現させる力になるからです」

一票の重みをミシェルの父は知っていた。だが彼は、大きすぎる夢を見ることはなかった。六〇年代のシカゴの現実を理解していたのだ。シカゴの民主党は、彼の住む地区には選挙に勝つ分だけの配慮しかしてくれない。感謝祭に七面鳥を買える分だけだった。しかし、もっと裕福な地区の人々が受けているような公共サービスを要求し続けていた。

フレイザーはシカゴの政界では珍しい存在だった。まず、彼は政治家を嫌っていた。信用していなかった。

ミシェルとクレイグはこの考え方を受け継いだ。夫バラクが政治の道を進もうとしたとき、ミシェルは賛成しなかった。

「政治は汚いと思っていましたから。バラクは人が良すぎます。そのうち正気にもどるだろうくらいに考えていました」

バラクは、ミシェルは「政治に参加したがらなかった」と長い間、言い続けてきた。大統領選に出馬する前、彼はこう言った。

「私は、これまでのほとんどの選挙運動には妻を出さないようにしていました」

ミシェルの父にとって、仕事は政治と切り離せないものだった。彼の職場は市の水道局で、午後から深夜まで働いていた。最初はボイラー室からはじめて、ポンプ操作員になり、最後には主任にまで昇格した。

他の市ならば、だれでも水道局の職員になれるかもしれないが、シカゴではそうはいかなかった。ほとんどの市職員は市長の利害関係で引き立てられていた。一九五五年から七六年に亡くなるまでの二一年間市長を務めたリチャード・J・デイリーは、政治を私物化していた。デイリー市長にとって、「政治」は重要な問題ではなかった。だからフレイザーは、市の職員になるためにデイリー市長の支持団体に身を置くこととなり、息子のクレイグは政治家を軽蔑するようになった。クレイグは後にこう語っている。

「僕たち家族は政治になにも期待していませんでした」

フレイザーは家族のことを一番に考えていた。会う人たち全員に息子と娘のことを自慢した。母マリアンにとっても自慢の子どもだったが、フレイザーは彼女が恥ずかしくなるほどの親バカぶりだった。バラクの選挙運動中、マリアンはこんなふうに言っている。

「今はみなさんが私の子どもたちのことを聞いてくださいます。でも私は、自慢の子どもたちですと答えるだけで、あまりしゃべらないことにしていました。夫が自慢話ばかりしすぎていましたから」

今は子どもたちが両親の自慢話ばかりしている。二〇〇八年の民主党全国大会でミシェルは言った。他の場所でも何度も。

「父は大きな岩のような存在でした。私たちのチャンピオンで、ヒーローでした」

長年近所付き合いしていた人物は、フレイザーのことを「いつも笑顔を絶やさない人なんです」と言う。

「それに、どんなに苦労していても、いつも明るく冗談ばかり言っていましたよ」

ミシェルは父親の抱える苦労の大きさを知っていた。

「障害があるのに、それがなんでもないことのように強く生きている父を見ていて、私たち兄妹はこう考えるようになりました。何か不平不満をいうことがあるだろうか。私たちは恵まれている。朝、目が覚めれば、ベッドから跳び起きることができる。健康で、幸せなのです。父はベッドから出るのも大変でした。それでも父は一度も仕事を休んだことがありませんでした。調子が悪いだなんて口にしたこともない。私たちは『学校を休みたい』なんてとても言えませんでした」

多発性硬化症という病気は、時がたてば症状が軽減する場合もある。だがフレイザーは違った。子どもたちは、徐々に病が重くなっていく父を見つめ続けなければならなかった。ミシェルは、「父はヒーロー」だと言った先の演説でこう続けている。

「病気が重くなり、だんだん歩くこともできなくなりました。朝、服を着替えるのにも長い時間がかかるようになりました。痛みがあるのに、私たちに気づかれないようにしていました。シャツのボタンを留めるのに苦労しながらも、笑顔を絶やさなかったのです。そして、杖を二本ついて母のところまで行き、笑いながらキスしました。父にとっては、朝少しだけ早く起きればいい、仕事が少しだけ大変になる――それだけのことだったのです」

彼女が父親から学んだ一番大きなことは、不満を言わないことだそうだ。

「父の不満を聞いたことは一度だってありません。いつも私たち家族のためにがんばってくれていました」

父からミシェルが学んだことは数え切れない。

MSという難病の父への思い

ミシェルが覚えている兄クレイグのことがある。もしアパートが火事になったとき、父親をどうやって運び出せばいいか、ティーンエイジャーのクレイグは何度も試していた。彼は心配性なのだ。他にもある。右手が使えなくなったときのことを考えて、左手で文字を書く練習もしていた。目隠しをして近所を歩く訓練もあった。「万が一に備えるタイプ」と、ミシェルは兄のことを言うが、彼女も同じタイプの人間かもしれない。

父の病がその理由だ。多発性硬化症には完治しうる治療法がなく、さまざまな症状が出る。しかもそれがいつ出るかもわからない。

子どもたちに負担はかけたくない――フレイザーはずっとそう思っていた。だが、やがてそうも言っていられなくなった。フレイザーはその結果を甘んじて受け入れ、同時にミシェルとクレイグは思いやりと責任を学ぶこととなった。

また、父の病からミシェルが学んだことは他にもある。ホーリー・イエーガー記者とのインタビューでこんなふうに言っている。

「障害のある親をもつ人々にとって、生活の中で生じる様々な不便さについて入念な計画を立て、管理することが習慣化した。一日をただ無事に終えるために、とても大切なことになります」

現在もミシェルはとても計画性に豊んでいる。父への心配を和らげるためにやっていたことが体に染みついているようだ。彼女の第二の天性と言っていい。

「少しも手を抜かない」と、ミシェルの親しい友人であり、元上司のヴァレリー・ジャレットは言う。彼女はオバマ大統領の補佐官のひとりになった人物である。

「バラクが上院議員に立候補した後でも、ミシェルはいつも会議に充分すぎるほどの下準備をして現れました。どんなに忙しくて大変だったかわからないのに」

病気で先行きが見通せないことから、フレイザーは子どもたちを小さなころから厳しくしつけた。強い精神力の持ち主——ミシェルは父のことをそう言う。

「私たちは父を失望させたくなかったのです」

父は、道徳的な権威をふりかざさず、ただ黙って子どもたちを見ていた。クレイグは言う。

「父を失望させることは、人生最悪の事態でした」

少々変わった家庭かもしれない。だれでも子どものころは親の言うことを聞かないのがあたりまえなのに……。ミシェルとクレイグはそんなふうに育てられたのだ。子どもなのだから、普通の子どもらしい間違いくらいは犯してもかまわない——とは考えなかった。

「父は僕らのために一所懸命に働いてくれているんだから、父を裏切ってはいけないと考えていました。ぼくも妹も、父を怒らせるようなことがあれば、泣きました。『あぁ神さま！父に心配をかけてしまった！　どうすればいいんだろう！』ってね」

だが、そんな「最悪の事態」はあまりなかったようである。母マリアンは言う。

「ミシェルは九歳ごろにはもうしっかりしていました。小さなころから自分の考えをもっていたのです」

ミシェルは、自分の役割を見つけ、自分なりのやり方を考え、自ら進んでやっていた。彼女の両親は、自分たちの心配さえしていればよかった。

ロビンソン家の教え

父親が病を抱えていても、いつもロビンソン家は明るかった。後にバラクが言ったことだが、「まるで『ビーバーにおまかせ』（六〇年代の人気ホームコメディ）のようだった」。陽気な父、子どもたちの学校での話を聞きながら食事を作る母、深刻な問題などひとつも起こさない子どもたち。

ミシェルが大人になってから思い出す子ども時代は、フレイザーとマリアンが望んでいたとおりのものだった。ミシェルは言う。

「子どもにとって最高の贈りものでしょう。両親から愛され慈しみを受けていることを一瞬たりとも疑ったことはありません。それこそが子どもとしてこの世で最高のことですもの」

フレイザーとマリアンは、リビングルームに衝立てを置き、ベッドルームを二つ作った。ミシェルとクレイグのためだ。ミシェルの友人によると、それは「見たこともないほど小さくて、クローゼットみたい」だったそうだ。六〇年代の少女らしく、ミシェルは自分の部屋にドールハウスとおままごとセットをもっていた。アフリカ系アメリカ人のバービー人形、クリスティーとケンでお人形遊びをした。

テレビを観ていいのは一日に一時間と決まっていた。兄のクレイグは笑う。

「なぜだか妹は、『ゆかいなブレディー家』の全ストーリーをおぼえようと必死だったんですよ」

ミシェルもクレイグも読書が大好きだった。母はいつも子どもたちに、学校で勧められるものよりむずかしい本に挑戦させた。

二階建てのアパートの一階にはミシェルの大おばさんが住んでいた。大おばさんはピアノの先生だった。ミシェルも小さなころからピアノを習った。フレイザーとマリアンが子どもに恵まれていた証拠がひとつある。ミシェルは自分から進んでピアノの練習をした。

アパートは一ブロックだけの短い道路に面していた。道は公園で終わっているため、車がほとんど入ってこなかった。子どもたちは思う存分外で遊ぶことができた。ミシェルもクレイグも運動が得意だった。やがてクレイグがスポーツで才能を発揮しはじめると、ミシェルは別のものに興味を向けるようになっていく。やることは山ほどあったし、第一スポーツでクレイグと競争するのは大変なことだった。クレイグは幼い頃からプロのバスケットボール選手になると決めていたからである。

フレイザーとマリアンは、「自分の考えを伝えること」と「質問をすること」を子どもたちに教えた。マリアンは言う。

「子どもたちに、『とにかく先生を尊敬しなさい。でも、質問することをためらってはダメよ。パパとママにだって、だまって言うことを聞くようではいけないわ。なぜなのか、ちゃんと理由を聞きなさい』と教えました」

子どもたちはその教えを守り通した。ミシェルにとっては好都合だった。物心ついたときから自分の考えを明確に伝えられる女の子だったからだ。特に、なにかが間違っていると感じると一歩も退かなかった。

母はそんな娘のことを好ましく思っていた。子どものころの自分には許されなかったからだ。

「自分の思っていることを言えないのがとても悔しかったわ。考えを口にすることがどうしていけないのか、わからなかった」

ミシェルの通ったブラン・マー小学校（現在はボシェット・マス&サイエンス・アカデミーになっている）は、家のすぐ近くにあった。入学したとき、ミシェルがどんな子なのか、先生たちはクレイグの例から知っていた。好奇心旺盛で、なんでも質問してくる。しかし、「思っていることはなんでも言いなさい」という教えを守っていた少女は、先生によっては煙たがられた。間違っていると思うと、ミシェルはすぐに発言する。もし先生が、両親のように真剣に取り合ってくれない場合、少女は怒りを爆発させた。あるとき、マリアンは先生に苦情を言われ、笑って答えたという。

「でしょう？　あの子は気性が激しいんです。でも、我が家では、そのことを咎《とが》めたりしないのです」

ミシェルの怒りのタネは、家と学校に違いがあることだった。クレイグによると、フレイザーの教えのひとつはこうだった。

「人生は公平ではない。得られるべきものを得られないこともある。だが、欲するものを手に入れようと努力することをやめてはならない。それでも、努力と善行の果てに、やはり与えられないこともある」

これは真実だろう。とても重要な言葉だ。だがミシェルにとって、両親や兄のおかげで家のなかでは「人生は公平」だった。どうして外では違うのか――ミシェルにはどうしても理解できなかった。

ミシェルは早くから社会に目を向けていたと、クレイグ。

「僕らが小さなころ、両親は部屋を二つに区切って、一人ひとりにベッドルームを与えてくれました。でも、僕らはしょっちゅう一緒に夜ふかしをして、おしゃべりしていました。妹は、学校でだれがいじめられているか、家ではだれが大変な思いをしているか、そんなことばかり気にかけていました。今ならそのことに納得がゆきます。ミシェルは、そんな虐《しいた》げられた人々のために人生を捧げることになったのですから」

努力家の母から叱咤《しった》

小学校に入学したミシェルはとにかく勉強に精を出した。マリアンが娘に課していたのは、授業よりも常に先に進むことだった。四歳で読み書きを教えたのはそのためだった。フレイザーもマリアンも二年生を飛び級している。両親は、子どもたちにも同じことをやらせたいと考えていた。マリアンは言う。

「挑戦しなければ、少しも前に進めません」

家では、ミシェルとクレイグは母に与えられたドリルで勉強した。「良い成績」ぐらいで満足してはいけないと考えるようになった。

夫や子どもたちと同じように、マリアンも負けず嫌いだった。ミシェルが大学を卒業した数年後、マリアンはイリノイ州のシニア・オリンピックに出場し、短距離走の金メダルを獲得している。その後、ケガをしたことから参加するのをやめた。マリアンは言う。

「速く走れないなら、私は走りません。ただ走りたいから走るわけじゃないのです。勝つために走るのですから」

スポーツのコーチのような母に叱咤《しった》され、子どもたちは毎日勉強に励んだ。クレイグは語っている。

「我が家ではまず勉強なんです。努力すること、ベストを尽くすことをいつも言われました。それがいったん身につけば、あとは慣れてしまって、AとB以外の成績はもらいたくなくなります」

良いコーチに恵まれ、ミシェルはいろいろな新しいことに挑戦していった。ミシェルは六年生からの3年間、優等生コースで学んだ。ここで彼女は、普通は九年生になってから学ぶフランス語の授業を三年も早くはじめた。また、特別プログラムの一環としてケネディ＝キング・カレッジで生物学の授業も受けた。

ケネディ＝キングでミシェルが学んだのはカエルの解剖だけではない。小学校よりも四マイル（六・五キロ）遠くにあるカレッジで、年上の同級生たちに囲まれながら、ミシェルは自分の道を自分で探しはじめた。彼女はここで自信を獲得し、やがて思いもよらない方向へと踏み出してゆくことになる。

だが、まずはブラン・マー小学校を終えねばならない。一〇〇人以上いる生徒たちのなかで、ミシェル・ロビンソンは二番の成績で卒業した。

2章　ファミリーのルーツ

アメリカ黒人文化の苗床《なえどこ》

一〇歳のころから、ミシェルは夏になると家族そろってサウス・カロライナ州の祖父母のところに遊びに行くようになった。フレイザー・ロビンソンの父親の生まれ故郷である。祖父母は定年後、大西洋に面した町、ジョージタウンに戻って暮らしていた。シカゴから車で長時間ドライブすると、やがて景色は平らになり、窓から沼地の匂いが入ってくる。サウス・カロライナ州のこのあたりは「ロー・カントリー」と呼ばれ、土地の大部分が海抜よりも下にある。したがって、一年のほとんどは土地が水浸しだった。

ジョージタウンにはミシェルの親族――おじ、おば、いとこたち――が大勢いた。この町が注目を浴び、ロビンソン家のルーツが明らかになるのは、バラクが大統領選の選挙運動をはじめてからである。ロー・カントリーはかつてアメリカの経済と文化の中心だった。そしてここにはミシェルの夢のルーツがあった。

アメリカの奴隷制度について調べると、ジョージタウンの名が一番に出てくる。このあたりにはプランテーション――大きな農園――がいくつもあった。アメリカ最大の奴隷所有者は、ジョージタウンのジョシュア・J・ワード。南北戦争がはじまった一八六一年、ワードは一一三〇人の奴隷を使役していた。その当時のサウス・カロライナ州全体の平均は、農園主ひとりにつき奴隷一五人。他の州ではもっと少ない。全国的に見ると、二〇〇人以上の奴隷を抱えていた農園主は一〇〇人中一人であった。

ワードの農園の近くには、五一一人を抱えるJ・ハーレストン・リードや、六三一人を抱えるロバート・オルストンがいた。オルストンの場合は、一家族で所有する奴隷の数をすべて合わせると、なんと数千人にもなった。

ジョージタウンは当時、オールセイント・パリッシュ（聖人たちの郡）と呼ばれていた。この地域だけを見ると、一番小さな農園でも九〇人の奴隷がいた。平均は三〇〇人あまり。アメリカの他の地域の数倍である。

なぜそれほど多くの奴隷を使役していたのか。この土地で収穫されていたのが米だったからである。タバコや綿花にくらべ、稲作には多くの労働力が必要になる。広大な湿地を稲作に適したプランテーションにするには、一〇〇人の奴隷が一五年間も働かなければならない場合もあった。稲を育てるには水がなくてはならない。成長にしたがって水を引き入れたり止めたりできるよう、複雑に入り組んだ水路が必要になる。その長大な水路の建設に大勢の奴隷たちが働かされていた。

ジョージタウン歴史協会代表のパット・ドイルは、「とても過酷な労働でした」と言う。「まず沼地の干拓からはじめなければならない。そして何万本もの杭を打ち込み、水路を張りめぐらし、畦《あぜ》を作って、ようやく苗を植えることができるようになるのです」

重労働だけではない。命の危険がともなう。湿地にはワニや毒ヘビがいるのだ。夏には蚊が大発生する。蚊はマラリアや黄熱病を媒介する。死亡率の高い伝染病だ。多くの命が犠牲になった。歴史学者のウィリアム・ドゥシンベルはこう書いている。

「裕福な白人たちはジョージタウンから逃げ出した。農園主たちは地獄のような夏のジョージタウンに滞在する気は毛頭なかった」

農園の手入れは大仕事だった。畦も始終作り直していないと崩れて用をなさなくなる。さらに、手間のかかる稲刈りがある。米という作物は過酷な労働を強いたのである。

だが当時、米はとにかく金になった。イギリスの物品輸入法が農園主たちに有利に働いていた。アメリカの米生産量の半分がジョージタウンのものだった。歴史学者ウィリアム・フリーリングによると、独立革命の前まで、この地の農園主たちは「おそらくアメリカでもっとも裕福な起業家だった」という。

また、この地の奴隷社会も特別な存在だった。他の州に見られるよりも白人社会と切り離されていたことから、アフリカの伝統が色濃く残されていた。オールセイントの人口の八五パーセント以上がアフリカ系アメリカ人だった。これは全米で最も高い数字である。白人たちが逃げ出すマラリアの季節には、黒人の割合は九八パーセントになった。ある農園主はこう書き残している。

「たまに白人の顔を見かけるとびっくりした。朝、自分の顔も鏡で見ないようにしていた」

その結果、ガラと呼ばれる独特な文化が育まれた。アフリカのセネガルやガンビア、シエラレオーネなどの稲作を行なう地方の文化がもとになっている。これらアフリカ西岸の国々のことを、奴隷商人たちは「ライスコースト」（米海岸）と呼んでいた。ジョージタウンの農園主たちは、ライスコーストからの奴隷たちを競い合うようにして買った。米作りを知っているうえに、マラリアに耐性があったからだ。

ガラはいくつかの国々の文化が混じり合ったものだった。たとえばガラ語を見ると、英語を基本に、アフリカの原語の文法や単語が多く取り入れられている。

ある一時期、ガラ文化はノース・カロライナ州からフロリダ州までのアメリカ東岸に広がっていた。その中心がオールセイントだった。今もサウス・カロライナ州とジョージア州に残っている。歴史学者のチャールズ・ジョイナーは、オールセイントのことを「アメリカ黒人文化の苗床」と呼ぶ。それはとりもなおさずアメリカ全体の文化の苗床でもあるだろう。幼稚園で子どもたちが歌う『漕げよマイケル』はガラの聖歌なのだから。自然発生した独特なガラ文化のなかで、ミシェルの先祖はアメリカでの足跡を刻みはじめた。

夏休み、ロビンソン一家は家族そろってハイウェイをドライブし、ジョージタウンに入った。かつてはプランテーションと港をつないでいたこの道は、その当時はハイマーケット・ストリートと呼ばれていた。ハイウェイと併走する泥の道の存在には、ロビンソン一家はだれも気づかない。ダウンタウンから五マイル（七・五キロ）ほどのところで、その道はオークの森の中へと消える。その行き着く先にはフレンドフィールドという名の農園があった。ミシェルの高祖父（四代前の先祖）ジム・ロビンソンが奴隷として働かされていたプランテーションである。

全米一の大邸宅に住む農園主

フレンドフィールドは今もそこにある。稲は作られていない。草が生い茂り、まったくの自然の景観が広がっている。だが、奴隷たちが掘った古い水路は見つけることができる。奴隷小屋もいくつか残っている。板作りの質素な小屋だ。農園主の屋敷から遠く離れた場所にあるそれらの小屋は、実はこの農園でもっとも重要な建物だった。そこで寝起きしていた人々がフレンドフィールドを作り上げた。

ジム・ロビンソンが生まれたのは一八五〇年ごろ。フレンドフィールドができてから一〇〇年がたっていた。創立者の息子、ジェームズ・ウィザースは、その数年前に世を去っていた。独立革命の前に生まれたウィザースは、奴隷たちに収穫させた米で莫大な富を築いた。彼はその一体の土地を買い取り、広大なプランテーションとして一族に残した。

ウィザースの屋敷は「ビッグ・ハウス」と呼ばれていた。一八一八年に建てられたころには全米一の大邸宅だった。落成式にはサウス・カロライナ州知事も参列した。一九二六年に火事で焼け落ちたが、元の設計図どおりに建て直され、当時の装飾品を集めて復元されている。伝統的建築物に指定されている。

火事の前に撮影された写真が本に掲載されている。豪華でないところはひとつもない。『風と共に去りぬ』のスカーレット・オハラの邸宅もこんな風だったろう。細かな彫刻のほどこされたポーチの手すり。玄関広間から二階、三階へ上がる幅の広い螺旋《らせん》階段。大きな部屋の天井の高さは一三フィート（四メートル）ある。大きな窓には赤いベルベットのカーテン。もちろん大きな図書室がある。蔵書のほとんどはイギリスからの輸入品だろう。ドアの取っ手も外国製だ——高価そうな陶器や銀でできている。鏡板で仕上げられたリビングルームには堂々とした大理石の暖炉がある。

建築当初から、そしてミシェルの先祖が生きた時代を通して、さらに二〇世紀において、この大邸宅にはすばらしい装飾品があった。フランスから輸入した手描きの壁紙である。高さ八・五フィート（二・六メートル）、長さ四八フィート（一四・六メートル）。歴代の農園主たちはさぞや自慢だったことだろう。描かれているのはパリの風景。ノートルダム寺院やルクセンブルグ宮殿——エッフェル塔はまだ建設されていない。二五〇人の画家たちが描きあげた。同じものがニューヨークのメトロポリタン美術館に常設展示されているほどの逸品だ。初期のフレンドフィールドの農園主たちは、壁紙にさえ湯水のように金を使ったのだ。同じ時代に奴隷たちの手で建てられた大きな建造物には、やはり同じように豪華な装飾がほどこされている。ホワイトハウスもそのひとつだ。

フレンドフィールドにはもうひとつ記すべきことがある。農園の水路を掘っていた奴隷たちは、農園主の邸宅のそばでも同じことをさせられた。一八世紀後半から一九世紀初頭にかけて、農園主たちのあいだで庭に池を作ることが流行した。島がいくつもある大きな池である。島には花が咲き乱れ、外国産の珍しい木々が生い茂っている。ボート遊びのために深く掘るよう、奴隷たちは命令された。

奴隷だったミシェルの高祖父

ミシェルの高祖父ジム・ロビンソンは、フレンドフィールドで生まれたのかどうかははっきりしない。小さなころに連れてこられたのかもしれない。だが、そこで奴隷として働いていたことは確かなようだ。南北戦争の後自由の身になったことも。

「ロビンソン」という姓の農園主が何人もいたため、それ以上は調べようがない。フレンドフィールドにある墓地には、ファーストネームを記してある墓石でさえ少ないのだ。初期の農園主たちが埋葬されている北のマートル・ビーチにも墓地が二カ所あるが、やはり無銘の墓石がならんでいる。また、政府の公式記録では姓が必ずしも一致していない。

ともあれ一八六〇年、南北戦争がはじまる直前、フレンドフィールドには二七三人の奴隷たちがいた。その多くは解放された後もこの地に残った。引き続き農園で働いた者たちもいた。ロビンソン家に伝わる話でもはっきりしないが、ジム・ロビンソンはそのうちのひとりだったようである。一八八〇年の政府記録では、ジムは農民として登録されている。雇われていたのかもしれないし、土地を借りて耕作し、収穫で借料を返していたのかもしれない。ミシェルはジムの三男の曾孫《ひまご》にあたる。やはりフレイザーという名前だった。一八八四年生まれだから、サウス・カロライナの奴隷たちが自由を手にして二〇年あまり後のことになる。

当時の子どもたちの例にもれず、フレイザーは読み書きができなかった。そのころはもう法律で禁じられてはいなかったが、アフリカ系アメリカ人の子どもたちは学校に通わずに働くのがあたりまえだった。もちろん例外もあった。アフリカ系アメリカ人の進学を奨励するブラック・カレッジ（黒人大学）であるクラフリン大学やベネディクト・カレッジ、アレン大学はすでに創立されていたのだから。歴史学者チャールズ・ジョイナーはその著書に、元奴隷だったベン・ホリーという人物の次のような言葉を引用している。新しい世代の子どもたちの教育への熱意を物語っている。

「きみたちは頭で覚えなければいけないんだ。私はそいつを鉛筆で書きとめなきゃ」

しかし、フレイザーのような子どもには学校は用意されていなかった。そして一〇歳のころ、彼の人生を変える事件が起きた。

フレイザーは家の近くの藪《やぶ》の中にいた。薪《まき》を拾い集めていたのだ。そのとき、切り倒された木が思わぬ方向に傾き、少年を下じきにした。腕の骨を折った少年の継母は、それがひどいケガだとは気づかず、適切な処置をしなかった。傷口はひどく膿んだ。（このエピソードは一〇歳のフレイザーと新しい母親との複雑な感情が影響しているかもしれない。腕が化膿したのは、沼地に囲まれ不衛生だったことと、彼が清潔にしていなかったことが原因なのかもしれない）。容態は悪化し、そのままでは命に関わる。フレイザーは左腕の切除手術を受けた。

だが、不運にもめげず、少年は元気を取り戻した。まるで同じ名前の彼の孫を見る思いである。ミシェルもそう感じた。不満を言わず、諦めない気性は、ロビンソン家のＤＮＡ（遺伝子）のようだ。

そんなフレイザーのことをとても気に入っていた隣人のフランク・ネスミスは、少年を下働きに使った。そのうち、「フレイザーを自分の家に住まわせたい」と、ジム・ロビンソンにもちかけた。新しい母親とうまくいっていないのなら、それがみんなのためになる。ジムは同意した。

そのころ三〇歳前後だったネスミスには、ひとり娘がいた。その数年後、一九〇〇年の政府記録では、ネスミス一家はシカゴの街なかに住んでいることになっている。娘は二人。一歳と七歳。フランク・ネスミスの職業は鉄道の車掌。フレイザーは一六歳。「雑役夫」である。その後三〇年間の記録には、彼の名前はロビンソンではなくロバーソンと書かれている。読み書きはできなかったようだが、それもやがて変わっていく。

続く一〇年間でネスミスはさらに三人の娘に恵まれた。三人とも学校に通ったようだ。ネスミス夫妻は教育を重視していた。ミシェルのいとこ、キャリー・ネルソンは、『ワシントンポスト』紙にこう語っている。

「ネスミス夫妻は子どもたちの勉強を重視したようです。ずっとあとに、おじさんも同じことをしました。先祖たちに学んだことだったんです」

フレイザーも文字を練習した。ネスミス夫人の手も借りたことだろう。家伝ではほとんど独学で勉強したことになっている。四歳のミシェルも同じことをやりたがるのだが……。

また、フレイザーはいくつも仕事をもっていた。ひとつは製材所。ネスミスが車掌の仕事を終えた後に通っていた場所だ。そのアトランティック・コースト材木会社はそのころ急成長していた。農園での仕事に人気がなかったからだ。フレイザーは切り出した板を乾燥させる炉（かまど）係だった。また、彼は靴職人もやっていた。さらにジョージタウン市街に立って新聞も売っていた。新聞を売る彼の姿を覚えている人物がジョージタウンに住んでいる。『ワシントン・ポスト』紙によると、ドロシー・テイラーというその女性は、子どものころにフレイザーを見知っていたそうだ。なぜだか彼女は、フレイザーが売れ残りの新聞を家にもち帰り、子どもたちに文字を勉強させていたことまで知っていた。ちょうどミシェルの母が、子どもたちにドリルをもち帰ったのと同じである。五〇年以上後のことではあるが。

フレイザーには息子フレイザー・ジュニアがいた。彼がミシェルの祖父――夏になるとサウス・カロライナに会いに行っていた人物である。フレイザー・ジュニアには八人の弟と妹がいた。一九三〇年の記録によると、まだ小さな子たちをのぞき、一七歳のフレイザー・ジュニアから七歳の弟までの五人は、父の教えを守り、文字を読むことができた。

フレイザー・ジュニアが一〇歳になるころには、働き者の父のおかげで生活はずいぶん楽になっていた。ジュニアは勉強に励んだ。成績は良かったが大学進学はしなかった。一九三〇年、一八歳になった彼は製材所で働きはじめた。この会社は「世界最大」の材木会社だったことになっている。巨大な工場で一日に何千本もの木材を生産していた。倉庫には何万本もが積み重ねられており、船積みするための自前の埠頭をジョージタウン港にもっていた。

父のフレイザー・シニアが大きな家を建てることができたのもこの会社のおかげだったのだろう。彼の兄、ガブリエルもここで働いて資金を貯め、後に農場を手に入れた。ジュニアも同じことを夢見た。

そして大恐慌がくる。一九三二年、会社は倒産した。

サウス・カロライナからシカゴへ

失業しただけではない。不況は治安と人種差別を悪化させた。その二、三〇年のあいだに差別は悪化の一途をたどっていたが、ここにきてさらにひどくなった。

この問題は南北戦争（一八六一〜六五）の一〇年後ごろにはもう火がついていた。その当時、元南部連合だった諸州は、ワシントンD.C.中央政府と合衆国陸軍の管理下にあった。戦争中、南部諸州は外国のようにあつかわれていたが、それこそもともと南部連合が望んでいたことであった。連邦政府の提唱した「合衆国再統合」の目標は、南部諸州にもう一度議会での発言権を与えつつ、連邦政府が統治することのできる法律を制定させることであった。この法律には、選挙権をはじめとするアフリカ系アメリカ人たちの人権保護が含まれていた。

南部は再統合に強く反対していた。悪名高い秘密結社クー・クラックス・クラン（ＫＫＫ）もこのころ生まれた。アフリカ系アメリカ人の弾圧を叫んだ多くの白人至上主義グループの筆頭である。組織的ではなかったが反乱活動もあった。大勢のアフリカ系アメリカ人たち、ならびに再統合を支持する白人たちが集団で暴行を受けた。そして、再統合は突然消え失せる。ある政治的な密約が交わされたからである。

一八七六年の大統領選挙は混乱していた。票の集計を終えた後、民主党と共和党の双方が勝利を宣言し、その後四カ月間もめ続けた。結局、北部の支持する共和党のラザフォード・Ｂ・ヘイズが大統領に就任したのだが、その代わりに、民主党候補を後押ししていた南部諸州はもっとも望んでいたものを手に入れた。再統合をやめるという北部の合意である。

南部の有力者たちが元の力を取り戻すと、再統合期に黒人が手にしていた権利を剥奪する法律がぞくぞくと可決された。まず選挙権を失った。アフリカ系アメリカ人たちだけを除外する巧妙で複雑な仕組みが作られた。さらに人種差別が正当化された。たとえばサウス・カロライナ州では、黒人がレストランで白人と同じ部屋に入ることが禁じられた。このころの一連の人種差別制度は、流行歌に登場する黒人の名前から、ジム・クロウ法と呼ばれている。最悪のジム・クロウ法は、一九一三年のものかもしれない。ウッドロー・ウィルソン大統領とその閣僚たちが多種多様な人種差別法を導入したときのことだ。会社のオフィスは仕切りで分けられ、大勢のアフリカ系アメリカ人たちが解雇された。もう少し後になってからだが、この出来事とミシェルの人生の不思議な関係が明らかになる。それには、ウィルソン大統領の母校であり、彼が学長を務めた大学が関わってくる。ウィルソンが大統領のときに提唱した同じ信念のもとに創立された大学である。

不公平な選挙権ならびにジム・クロウ法が、六〇年代の公民権運動の標的となるのだが、まだ青年だったミシェルの祖父にとってはずっと先の話である。

製材所が閉鎖されるまでの一〇年間、アフリカ系アメリカ人への攻撃はすさまじかった。一九一九年に第一次世界大戦から復員してきた黒人たちは、幸せな生活が待っているものと思っていた。だが、世の中はKKKと人種差別の闇におおわれていた。事業に成功したアフリカ系アメリカ人たちは命の危険におびえながら生活していた。人種差別主義者たちは、軍服姿の黒人兵士でさえためらうことなく殺害した。その年の夏は「レッド・サマー（赤い夏）」と呼ばれている。暴動があちこちで繰り返されたからである。最初にアフリカ系アメリカ人たちが襲撃されたのは、サウス・カロライナ州チャールストン。ジョージタウンからそれほど遠くない。

失業、ジム・クロウ法、暴動――ミシェルの祖父は北部への移住を決意した。第一次世界大戦（一九一四～一八）前からのおよそ一五年間に、南部の百万人もの黒人たちが北へ向けて旅立っていた。フレイザー・ロビンソン・ジュニアも彼らの後を追うことを決めたのだ。

これが大移住と呼ばれているものである。アフリカ系アメリカ人たちは、南部の州から北部の都市へ移り、その多くは仕事を農業から工場労働に変えることとなった。北部の大都市の黒人人口は急増した。

フレイザー・ジュニアはシカゴを選んだ。ミシェルの生まれ育った場所である。この地に根ざし、やがてホワイトハウスに移り住むことになる。当時のシカゴの黒人人口は、ミシェルの祖父が到着したとき、大移住前の五倍――二五万人にふくらんでいた。そしてその多くが仕事を探していた。

フレイザー・ジュニアは郵便局で雇ってもらえた。やがて、シカゴ生まれのラヴォーン・ジョンソンと恋に落ち、結婚した。彼女の両親はずっと前にミシシッピー州から移住してきていた。ミシェルはこの祖母の名前をミドルネームにもらっている。

シカゴでの生活は、フレイザー・ジュニアが当初想い描いていたほど良いものではなかった。移ってきた時期が良くなかったこともあるだろう。大恐慌の波をまともにかぶった。その後の第二次世界大戦をきっかけに、ふたたび多くのアフリカ系アメリカ人たちが北部を目指した——歴史学者たちはこれを第二次大移住と呼んでいる。多くの失業者がいた。さらにシカゴにも人種差別があった。市の条令で、アフリカ系アメリカ人たちの住む場所ははじめから決められていた。フレイザー・ジュニアと彼の妻は、低所得者のための公営住宅に住まざるをえなかった。彼にはこれが不服だったようだ。

「祖父は自尊心の強い人で、家系に誇りを持っていました。ですから、このことは彼にとってとても不満なことだったようです」とミシェルは『ワシントンポスト』紙に語っている。

ミシェルの祖父は、サウス・カロライナでの子ども時代のことをよく聞かせてくれたそうだ。郵便局を退職後、フレイザー・ジュニアは妻のラヴォーンとともに南部に帰った。そして元のようにベテル・AME(アフリカン・メソジスト・エピスコパル教会)の信徒になった。彼が生まれるずっと前からロビンソン家の人々が信奉していた教会である。

ミシェルがサウス・カロライナを訪問するようになったのはこのころである。彼女は都会っ子。夜になると虫の鳴き声が騒がしくて眠れなかった。食べ物も合わなかった。それでも、話に聞いただけの、または聞いたことすらなかった親類たちに会うことができることを喜んだ。もちろん今も、ジョージタウンには親類たちが大勢住んでいる。

アメリカの闇

ミシェルの南部の先祖のことはこれ以上はっきりわかっていない。母方の血筋は杳《よう》として知れない。奴隷を使役していた人々の多くは親類関係を絶っているし、また奴隷だった人々は公式な書類を残さなかった。土地の購入契約書なしには、歴史学者たちも足跡をたどりようがないのである。読み書きを禁じられていたため、私的な手紙でさえ残っていない。

たとえば、ミシェルの三代前のフレイザー・ロビンソン一世の妻、ローザ・エレン・コーエンについてはほとんどなにもわからない。一八世紀後半にヨーロッパからジョージタウンに入植してきた一家の子孫のようである。コーエンという姓はいくつか見つかる。ポルトガルから来たと思われるユダヤ人の家系である。コーエン一族の子孫のひとり、サディー・パーシャは、何年も家系を調べ続けている。それによると、一八〇〇年代初頭に、自分の混血の子どもたちにコーエンという名を引き継がせた人物がジョージタウンに少なくともひとりいたようである。

もっと証拠が見つからないことには、ミシェルの家系図のこの部分に関してはなにも言えない。糸口が二、三ある程度だ。

　可能性は低いが、コーエン家で使われていたアフリカ系アメリカ人女性がミシェルの先祖にあたるのかもしれない。彼女はコーエンの名で周囲に知られるようになったのだ。一八〇〇年代初頭の記録には、ジョージタウンに九三〇人のアフリカ系アメリカ人が住んでいたことになっている。そのうちの八〇人は自由の身だった。またサウス・カロライナには、ネイティヴ・アメリカンとのあいだに子どもをもうけたユダヤ人が複数いたことがわかっている。その子どものひとりがアフリカ系アメリカ人女性と結婚し、妻となった女性にコーエンの名が与えられたのかもしれない。しかし、その可能性は低い。

　奴隷を使役していたコーエンも複数いた。ローザ・エレンは、奴隷とその所有者の「関係」にルーツがあるようだ。ミシェルの家族たちは、先祖の少なくともひとりは奴隷を使用する側にいた人物だと考えている。

　このあたりの問題を人々はあまり掘り下げたがらない。あまり考えたくない疑問がからんでくるからである。その「関係」は、奴隷だった女性の望んだものだったのか。それとも、怖ろしくて拒みようがなかったのか。さらに、たとえ二人が愛で結ばれていたとしても、決して平等ではなかったはずである。一方には法的な人権があり、他方にはそれがない。先祖に奴隷使役者がいた事実は公然と語りつがれることはない。ひそかに知らされるのみである。だが、ミシェルはこの問題についてためらいなく語る。『ワシントンポスト』紙にこう言っている。

「なんども隠そうとされてきたはずです。とても辛い記憶ですから。しかし、過去を知り、しっかりと理解したところから前に進まなければならないのです。理解しなければなりません。私たちは知る機会さえ与えられていないのだと思います。それでも、過去はそこにあるのです」

バラク・オバマは、ひとつの演説のなかでアメリカの人種問題に直接ふれた。二〇〇八年の予備選挙での、「より完璧なる連邦」がそれである。

「私は黒人アメリカ人と結婚しました。彼女は奴隷労働者と奴隷使役者両方の血を受け継いでいます」

ミシェルのルーツが立証されれば――おそらくされるだろうが――そのエピソードはさらに私たちを驚かせることになる。この調査は当初思っていたよりもずっと複雑であることがわかってきた。サウス・カロライナ州の奴隷法では、奴隷使役者たちが奴隷を解放することは、ほとんど不可能だった。法的には奴隷の身分から解放された人が事実上、結婚していても法律上は、認められていなかった。事実は小説より奇なり。

ミシェルは次のように強調した。

「重要なのは、私たちはみんな切り離すことができないということです。私の先祖に家を与え、生活を助けてくれた奴隷使役者や白人の家族がいました。それが私につながっているのです。それはだれだったのか。私の先祖たちと同様に、彼らも私の血筋の大切な一部なのです」

ミシェルの家族に伝わっている先祖の物語は、他の多くの人々のものと似通っている。

「この国じゅうに、片腕のフレイザーは何千人もいたことでしょう。彼は奴隷だった。解放されて自由の身になった。頭が良くて、働き者だった。自分の力で強く生きた。それこそがアメリカの価値なのです」

ミシェルは先祖のことを大人になってから聞いた。いろいろな面で自分のことを理解した。

「納得がゆきました。父方の先祖が片腕のフレイザーで、片腕の靴職人で、起業家で、土地を手にすることができて、勇気と努力で自分の人生を切り拓いた。それこそが私の祖父が受け継いだメッセージだったのです」

ミシェルは言い忘れたのだろう。「今、私の中にも脈々と伝わっています」と。

3章　貪欲な高校生

ずば抜けた集中力

一九七七年九月。その日はミシェルの高校生活第一日。今度はブラン・マー小学校のように家のすぐそばではない。地元の公立高校には進まなかった。一三歳のミシェル・ロビンソンは、バスを乗り継ぎ一時間半かけて学校に到着した。シカゴのそのあたりには家は少なく、倉庫が立ちならんでいる。

ミシェルはこの学校を自分で選んだ。クレイグも地元の高校を選ばなかったのだから、彼女がそうしない理由はどこにもない。

クレイグは、地元の高校より小さな私立の男子校、マウント・カーメル高校に通っていた。高い学力が求められるところである。またスポーツにも力を入れていた。NFL（全米フットボール連盟）のスター選手、ドノバン・マクナブもその卒業生だ。彼は一九九〇年代にチームを州大会優勝に導いた。NBA（全米バスケットボール協会）のアントニー・ウォーカー選手もいた。クレイグにとって最高の環境だった。ミシェルの兄はすでにバスケットボール・チームの花形になっていた。

ミシェルにとっても挑戦である。まず、ホイットニー・M・ヤング・マグネット高校（ホイットニー・ヤング）は、大いなる冒険だった。授業が三時間も追加されることがある。それでも彼女は意気揚々と通っていた。小学校の特別プログラムとしてケネディ＝キング・カレッジで授業を受けたことから、ミシェルは大きな自信を得ていた。

ホイットニー・ヤング高校は実験的な学校だった。創立されてまだ二年。マグネットの校名そのままに磁石のように、シカゴじゅうから生徒たちを引きつけていた。昔からシカゴには多くの人種がいた。そして人種と人種のあいだには、越えるに越えられない、目に見えない壁があった。ホイットニー・ヤング高校はその壁を――せめて学生たちのあいだでは――壊そうという試みだった。教室には、ミシェルも体験したことのないほどの、シカゴそのままの多彩な顔ぶれがそろっていた。シカゴは、この高校を選んだ生徒たちとともに、大きな一歩を踏み出したのだ。

ミシェルがここを選んだ一番の理由は、その学力レベルの高さにあった。上級課程の他にも、イリノイ大学の講義を受けることができた。ブラン・マー小学校の特別プログラムのようなものだ。やる気があればチャンスはいくらでも用意されていた。新しい挑戦を常に求めているミシェルのような生徒には最高の環境だった。

ホイットニー・ヤング高校の教師のひとり、ダグニー・ブロランドは、『ワシントンポスト』紙の記者であり評伝『ミシェル』の著者であるライザ・マンディにこう語っている。

「ミシェルが通いはじめたころ、地元以外の高校に通うという考えは珍しいものでした。貪欲な生徒たちが集まりました。その当時、バスをいくつも乗り継いで、また電車に乗って高校に通うのは、まだ新しい風潮だったのです。まさしく実験的な試みでした。生徒当人と親御さんたちがそれほど学業に重きを置いていたということでしょう」

「貪欲」こそ、高校生のミシェル・ロビンソンを言い表すにふさわしい言葉だ。ミシェルは一心不乱になって勉強した。テストの成績はあまり良くないタイプの生徒だったそうだ。そのことを彼女は演説でも語っている。テストは苦手だったが、クレイグが覚えているのは、彼が忙しくバスケットボールの練習をしたりテレビを観たりしているあいだ、ミシェルは何時間も休まず宿題をやり続けていた。そして彼女は四年間ずっと優等生名簿に名をつらね、全米優等生協会の一員になった。

そのころには母マリアンは娘にうるさく言わなくなっていた。マリアンは『エボニー』誌（黒人の雑誌）でのインタビューで、「もしミシェルがA以外の成績をもらってきたら、どうしていました？」と聞かれ、次のように答えている。冗談のつもりだったようだ。

「そんなことは一度もありませんでしたわ」

だが、少なくとも一度はそうなりかけている。タイピングの授業でBをもらったのだ。授業の初日にもらっていた採点基準で見るとAのはずだったが、なぜだかBだった。Aをつけないのがその先生の方針なのだ。ミシェルは怒った。

「そんなのおかしいわ！」

不正に立ち向かうことは彼女が培ってきた信条のひとつだった。マリアンはおかしそうに思い返す。

「あの子は先生になんども食い下がった。最後には、私が先生に電話して言ったんです。あの子は絶対に諦めませんって」

ミシェルは得られるべきものを手中にした。

クラスメートたちが繰り返し口にするミシェルのことがある。「集中力」である。そのひとり、ミシェル・アーリー・トリヴァーは、作家ライザ・マンディにこう語っている。

「他の子たちのようにさぼったりしません。彼女は進取の気性にとんでいました」

これは、彼女の未来の夫とは正反対のことである。バラク・オバマは、自分のことを「怠け者」だったと『シカゴ・トリビューン』紙に語っている。

クラスメートの何人かが、ミシェルが「寡黙だった」という印象をもっていることを、彼女の家族はとても意外に感じたようだ。内気だったというわけではない。勉強に集中していただけだろう。後に、彼女の家族よりも先にバラクが気づくのだが、これにはもっと深刻な要素もあった。恐怖である。父親の病のことで、問題がいつ起こるかわからないという不安に心が苛《さいな》まれていたのである。

静かに精神集中していたことから、ミシェルはいつもなんの苦もなく目標を達成しているかのようにクラスメートたちには見えたようだ。ミシェルはだれとでも仲良くなった。部活動——ダンスもやり、生徒会の会計も務めた。ホイットニー・ヤング高校は、ミシェルのような貪欲な生徒に最適の場所だった。他の生徒たちも同様だった。ミシェルと同じく、この「実験」に進んで参加していたのだから。ホイットニー・ヤング高校は、前出のダグニー・ブロランド先生が言うように、「あちこちから子どもたちが集まっただけではなく、生徒たちが夢と使命感を共有した」場所だった。生徒たちの後ろには家族の協力があった。ホイットニー・ヤング高校に子どもたちを通わせた親たちは「より開けた未来が子どもたちを待っている」と感じていた。

人種問題はそのひとつである。生徒たちは、実験の計画者たちが期待した通りの考えをもつようになった。つまり、「大した問題じゃない」と。

当初の計画では、四〇パーセントの生徒がアフリカ系アメリカ人、四〇パーセントが白人、一〇パーセントがラテン系、五パーセントがその他の人種、残りは校長の裁定ということになっていた。（この計画に賛成した政治家たちは、学校側にまかせていた）。だが、実際は白人は思ったほどには集まらなかった。白人のために学力のレベルを下げても、やはり定員に達しなかった。だが、入学した白人生徒たちは、シカゴにあたりまえにある人種の壁がないことをとても喜んだ。ミシェルの先輩で、級長だったロバート・メイフィールドは言う。

「人種が多彩でした。文化も多彩でした。すばらしい校風でした。新しくて、とにかくすばらしかった！」

聴覚に障害をもった生徒たちのためのコースもあった。通常の学校に通わせるべきかどうかが議論されていた時代のことである。ミシェルの父や曾祖父のような、諦めることをしたくない者たちが、ホイットニー・ヤング高校に引きつけられるように集まったのである。

この三〇年間でホイットニー・ヤング高校のような学校はあたりまえになった。アメリカのどこに行っても見られるようになった。だが当時においては画期的な試みであった。ミシェルのような生徒がこんなチャンスを獲得するための運動は、ちょうど彼女が生まれたころに盛んになった。当時のシカゴは激動の渦のなかにあった。

旧弊なシカゴの教育制度

シカゴでの公民権運動において、教育はもっとも大きな課題であった。ミシェルが生まれる数カ月前、二〇万人の生徒たち（生徒総数の約半分）が、市の教育委員会に抗議して学校を休んだ。彼らの親たちは激怒していた。アフリカ系アメリカ人たちが住む地域の学校が定員オーバーになっていたからだ。新しい学校を建設する代わりに、会長のベンジャミン・ウィリスは移動式の教室を発案した。駐車場や空き地に停められたこれらの教室は、「ウィリスの護送車」と呼ばれた。さらにウィリスは一日を二部に分け、倍の生徒数を収容できるようにした。このいいかげんな対策は新たな問題を生んだだけだった。夜の部に通う子どもたちの働く親たちは当惑した。しかも、移動式の教室はシカゴの冬の寒さのことを考えていなかった。

他の地域に生徒数の少ない学校があっても、子どもたちを通わせることはできなかった。シカゴ市議会は人種隔離政策を守ろうとしていたからだ。アフリカ系アメリカ人たちがもっと教育設備の整った地域に引っ越そうとしても、条令で禁じられていた。不動産屋たちはアフリカ系アメリカ人に物件を見せることを拒んだ。運良く物件を見つけ、買おうとしても、銀行がローンを組ませてくれない。たとえ現金をもっていても、白人以外には売ってはならないという条令に阻まれた。結果、アフリカ系アメリカ人たちは限られた狭いエリアにひしめき合うように暮らすしかなかった。住人たちが簡単に引っ越せないことを知っている家主たちはそこにつけ込んだ。アパートを修理せず、家賃を市内でもっとも高額になるところまでつり上げた。

この問題の解決は容易ではなかった。一九五一年、白人居住区に家を購入した黒人家族がいたが、三軒とも放火されてしまった。しかし、公民権弁護士たちの不断の努力で、五〇年代後半から六〇年代初頭にかけてアフリカ系アメリカ人を受け入れる地区がいくつか出てきた。しかし、続いて起こったことはまたしても退歩であった。黒人が入居すると白人たちが出ていったのだ。

ミシェルの家族が引っ越しをしたときにも同じことが起こった。ミシェルとクレイグが子どものころには、近所は人種が入り混じっていたが、やがて白人家庭は一軒ずつ減っていった。

理由は経済的なものだった。家はだれにとっても大切な財産である。白人たちは、黒人居住者が増えると家の価格が下がってしまうのではないかと怖れた。その地区の人気が下がるからである。家を売って商売をしている不動産屋たちがこの動きを煽《あお》った。（実際には家を売却したのは失敗だった。黒人たちが入居して価格が上がったところも多かった）

クレイグははっきり覚えているという。近所に引っ越しトラックがやってきて、荷物を積み込み、白人家族たちがさよならを言ってシカゴの郊外に引っ越していく。見慣れた光景だった。

ミシェルたちの住んでいた地区では、古い人種の壁は平和的に消えていった。だが、シカゴでは深刻な市民紛争が起こっていた。死者も出た。ミシェルは小さくて理解できなかったが、これが彼女の両親の思想を形づくり、後にミシェルにも伝えられた。

シカゴのアフリカ系アメリカ人たちの受けた教訓は、シカゴの教育制度はアフリカ系アメリカ人の子どもたちを相手にしていない――というものであった。彼らの子どもたちが教養ある人間に育つとは、端《はな》から思われていなかったのだ。それは、二〇世紀のはじめにミシェルの曾祖父がサウス・カロライナでたびたび耳にしたことと同じであった。フレイザー一世はそれを信じなかったし、ミシェルの両親も信じようとしなかった。母マリアンは、それが先祖と同じ行為だとは知らずに、家にドリルを持ち帰り、ミシェルとクレイグに勉強させた。

ミシェルが学んだのは、チャンスはあるということだ。ただ、越えてはならない壁を越えなければ手に入らない。彼女はそのことについて、二〇〇八年の選挙運動中、サウス・カロライナで語っている。低所得者向け公営住宅の近くのコミュニティ・センターで、ミシェルは子どもたちに向き合っていた。その少女たちは、ミシェルの先祖たちの境遇とシカゴの政策が入り混じったような状況に置かれていた。

「大学に行きたい子はいる？　大学に行くには、なにが必要だと思う？」と、ミシェルは少女たちに問いかけた。

少女たちから返事はなかったと、その場にいたホリー・イエーガー記者は書いている。ミシェルは続けてしかるような声でこう言ったそうだ。

「目の前にあるチャンスを全部自分の手で掴むのよ。いい？　私を信じなさい。私もみなさんと同じだったのよ。私の生まれたところも、ここと同じだった。チャンスを掴まなかった子どもたちと私が違っていたのは、私が新しいことに挑戦したことなの。困難に思えることを怖れなかったの。みなさんも同じことをしてちょうだい。人生であなたたちが望むものは、だれも与えてくれないの。」

ホイットニー・ヤング高校でのミシェルの経験は、シカゴが長い年月をかけて変化し、進歩し続けてきたことの証明である。ミシェルがチャンスを掴むことができたのは、彼女が長いあいだ努力し続けてきたことの証明である。しかし、ホイットニー・ヤングのような学校がシカゴの抱えるすべての問題と偏見を魔法のように消し去ったわけではない。ミシェルもまた問題を抱えていた。高校生活も終わり間近になって、ミシェルはショックを受ける。

私もプリンストンへ

一九八〇年の一一月。一六歳のミシェルは、ホイットニー・ヤング高校の進路相談カウンセラーのオフィスにいた。ミシェルは大学のリストを手にしていた。入学申請はとても複雑だった。一二月の締め切りまでに必要な書類を間違いなくそろえておきたかった。

ミシェルの手わたしたリストを見て、カウンセラーはたずねた。

「どれが第一志望なの？」

学校名を口にしたミシェルに、カウンセラーは言った。

「無理ね。テストの点数が足りないわ」

ミシェルはこの言葉を人種的な偏見と受け取ったが、問題はそんなことではないのだ。それでは相談に来ている意味がないではないか。そのことは入学案内を見ればわかる。もっと上を狙うこと――それがミシェルの欲しているアドバイスだった。アイビーリーグ（東部の名門私立大学八校の総称）の大学の試験には、面接があり、先生の推薦状が必要になる。入学願書はぶ厚く、ひとつのミスも許されない。

おそらくそのとき、ミシェルはアイビーリーグについてカウンセラーよりも詳しかったに違いない。彼女の兄はプリンストン大学の二年生になっていた。高校を卒業するとき、多くの大学が彼を欲しがったのをミシェルは見ていた。ワシントン大学は授業料の全額免除を提示した。

クレイグは、両親の負担を軽くするためにワシントン大学を選ぶつもりだった。彼は、父が弟のために大学進学を諦めたことを知っていた。だが、クレイグは父に一喝されて考えを変えた。

「私がいくら払わねばならないかで大学を決めるとは、私を失望させたいのか！」

母は息子の授業料をまかなうため、スピーゲル・カタログ会社で秘書として働いていた。そうすることを喜んでいた。子どもに手がかからなくなっていたので、働きに出る時間はあった。

ミシェルは兄のプリンストン進学を自分のことのように喜んだ。プリンストン大学から兄のもとに届くすべての書類に目を通した。オレンジと黒にPの紋章がある封筒が何通も届いた。兄と競《きそ》い合っていたミシェルもアイビーリーグに憧れるようになった。ミシェルはそのころのことを次のように言う。

「兄の勉強するところを見ていて、私にもできると思いました」

また、別の機会にはこうも言っている。

「私のほうが兄よりも頭が良いと思っていましたから」

彼女も「プリンストンの虎」（プリンストン大学の愛称）になろうとしていた。カウンセラーに無理だと言われ、決意はますます固くなった。プリンストン大学はテストの成績だけで判断しないことを知っていた。ミシェルの考えは正しかった。テストは得意ではなかったが、ミシェルは人に強い印象を与えるのだ。また、入学審査委員会はクレイグのことも知っていた。学業が優秀なだけではない。大学の歴史に名を残すスポーツ選手になりつつあった。ロビンソン一家は期待以上に成長することを知っていたのだ。

一九八一年九月、ミシェルは父と母にキスして新しい世界へ旅立った。たゆまぬ努力の結果、欲しいものを手に入れた。アメリカでもっとも権威ある大学に入学したのだ。
しかし、やがてそれが正しい道だったのかどうか、ミシェルは思い悩むことになる。

4章　名門プリンストンの人種問題

ルームメートの母親の怒り

スティービー・ワンダーのアルバム。友だちと冗談を言い合って笑い転げる。ことあるごとに踊る。バスケットボールでクレイグを応援。たまには有名な兄の存在にもひるまない男の子とデート。それがミシェルの大学生活。

しかしこんな問題もあった。

新入生ミシェル・ロビンソンが入居したのは、四階建ての寮の最上階。もとは天井裏だった部屋だ。そこにベッドが三つ。机もタンスも三つずつすき間なくならべられている。天井が屋根の形に傾いていて狭かった。バスルームは下の階にしかない。伝統ある建物だが、言い換えれば古いだけだ。だがそれでも良かった。ミシェルにとってなにもかも新しい生活がはじまったのだ。

ミシェルはベッドに腰かけ、出会ったばかりのルームメートと言葉を交わした。名前はキャサリン・ロドリーグ。ニューオリンズ出身。二つのスーツケースを四階まで運び上げて、息を切らしていた。クレイグのような優秀なスポーツ選手で、高校ではバスケットとバレーボール・チームのキャプテンだった。写真を見て気づいたのだが、彼女は学園祭のクイーンに選ばれたこともあるようだった。おしゃべりをしながら、ミシェルは「私にどこか似ている」と思いはじめた。

キャサリンも努力家だった。母ひとり子ひとりの家庭。彼女の母親は、一流校を出て仕事に就いた。だから、ひとり娘にもそうしてもらいたかった。自然科学の先生だったのだ。学校の授業よりも先に進むよう娘に教えた。

母親はプリンストン大学まで車で送ってきて、今、近くの小さなホテルで彼女のことを待っている。運転を手伝ってくれた友人も含め、三人で夕食をとることになっている。

キャサリンと別れたあと、ミシェルは早速クレイグに会いに行った。そして両親に電話した。フレイザーとマリアンは、早口にいろんなことをまくし立てるミシェルの言葉を半分も理解できなかった。それでも楽しそうな娘の様子にほっと胸をなで下ろした。

だが、ホテルでは少々様子が違っていた。キャサリンの母親はひどく怒っていた。

「ルームメートが黒人ですって？　冗談じゃないわ。すぐにそこを出なさい！」

母親は、自分の母親――つまりキャサリンの祖母に電話した。祖母のアドバイスもこうだった。

「すぐに連れて帰りなさい！」

その夕方中、キャサリンの母親はあちこちに電話をした。娘の入学の力になってくれたニューオリンズのプリンストン大学同窓会に相談し、手を打ってもらおうとしていた。

キャサリンはミシェルのことを気に入っていた。ユーモアがあっておもしろそうな女の子だと思った。だが、母親が大騒ぎするだろうと覚悟していた。キャサリンはそんな母親のことを恥ずかしく思いつつも、戦いを挑む気はなかった。彼女は母親と仲がいいのだ。反抗して悲しませたくなかったし、とうにそんな母親の態度に慣れきっていた。

翌朝、キャサリンの母親は戦車のように事務局に押しかけた。娘の部屋を替えてほしい理由をためらうことなく言った。

「うちの娘は南部育ちなのです。黒人と暮らしたことなんかありません」

「黒人」という言葉を使ったのは、彼女の精一杯の理性だった。普段は「ニ」ではじまる言葉を使うのに。

事務局のスタッフがどう説得しようとも、キャサリンの母親は譲らなかった。スタッフはついに、時間はかかるが不可能ではないと言わざるをえなかった。母親はその場を去る前に、必要な書類がすべて間違いなく書き込まれているかどうかを何度も確かめた。そしてニューオリンズに帰るとすぐに大学に催促の電話を入れた。それからの数カ月間、繰り返し電話で念を押しつづけた。

人種差別の伝統

ミシェルはそんな話をまったく聞かされていなかった。知ったのは二〇〇八年になってからだ。キャサリンと母親が新聞記者に話したのだ。だが、母娘ともに昔の考えは捨てていた。恥ずかしいことだと感じていた。そして勇敢にも「隠していた恥」を正直に告白した。

当時、キャサリンとミシェルはそれほど親しくならなかった。ミシェルはこの件について『ボストン・グローブ』紙に語っている。

「なんとなく感じられるものなんです。なにかあるな――と。口に出さなくても」

やがて母親の努力が実り、キャサリンは部屋を移っていった。もっと大きな部屋に。キャサリンは、少しもミシェルに悪いとは感じていなかった。大きな部屋がほしかっただけだ。しかし、その後も友だちでいようという努力はなされなかった。キャンパスですれちがっても言葉は交わさなかったと、キャサリンは『ボストン・グローブ』紙に語っている。

このエピソードが新聞に掲載されたとき、バラク・オバマの対立候補たちはミシェルの被害妄想であり、過敏になりすぎているだけだと非難した。キャサリンの出来事と、ミシェルのそれに対する見解は、まったく違っていた。しかし、ミシェルがなにかに困惑させられ、どうしても合点がゆかないとき、単にその裏に人種差別意識が隠れているだけのことも少なくなかったのだ。

残念なことに、プリンストン大学でも差別は珍しくなかった。ミシェルのクラスメート、リザ・F・ローリングスは『ボストン・グローブ』紙に語っている。

「何回ブラウンシュガーって呼ばれたか数えきれないわ」

アフリカ系アメリカ人が少ない大学では、おそらくどこでも同じだっただろう。なかでもプリンストン大学はひどいほうだったかもしれない。人種差別が伝統的に根づいていた。ウッドロー・ウィルソンは、大統領になる前にここの学長を務めていた。次のような言葉を残している。

「この地の気質と伝統は、かつて一度もニグロの入学申請を受け付けていないことに現れている。また、今後もそんなことは絶対に起こりえないと私は考えるものである」

一九三六年、この気質と伝統のことを知らなかったアフリカ系アメリカ人が願書を送り、受理された。しかし、キャンパスにやってきたその新入生は、入学を取り消された。最初にアフリカ系アメリカ人が入学したのは一九四七年。創立から二〇〇年以上後のことだった。

女子学生ミシェルが受けた二重の苦しみ

ミシェルが学んでいたころのプリンストン大学は、そんな恥ずべき過去を払拭しようと懸命だった。ただ、プリンストンのような大学が方向転換することは容易ではない。ミシェルは、どの授業を取るかに悩んだり、友だちと楽しい時間を過ごしたりしているだけではすまなかった。全国的な人種問題の議論に巻き込まれた。ホイットニー・ヤング高校ではすでに過去のものになっていた問題が、ミシェルに突然襲いかかった。それは侮辱をともなうものだった。

論点はきわめて単純だった。アフリカ系アメリカ人の学生は、エリート校で学ぶだけの学力があるのか。それとも学校自体のレベルが下がっているのか。

プリンストン大学では、少数民族の学生たちに対する非難は、極めて辛辣なものだった。少数民族の入学を推進するという大学側が打ち出した新たな方針に、卒業生たちは同窓会グループを組織して抗議した。一九六九年にはじめて女子学生を受け入れたときにも反対運動があったのだが、それと似たようなものである。実際ミシェルの時代にも、プリンストンは人種に関係なく女子学生にはむずかしいとされていた。女子学生たちは、少数民族の学生が受けているような圧力を受けていた。女子学生は能力的に劣っている――そう信じている教授さえ少なくなかったのだ。ミシェルは二重の苦労を背負わねばならなかった。

アイビーリーグの大学にはこの議論と相反する奇妙な因習があった。卒業生たちは、学力レベルの低下を憂う一方、自分たちの子どもは優先的に受け入れてもらえることを期待した。それは古くからの慣習だった。つまり、新しい大学の方針に反対する人々が怖れていたのは、自分たちの「伝統」を継承することをむずかしくするような事態だったのだ。そんなことをすればうちの息子が入れなくなる――ということだ。

不幸にも、少数民族は学力レベルが低いという間違った考えに、ミシェルのような学生たちは苦しめられた。ミシェルの一年先輩にあたるヒラリー・ベアードは、二〇〇八年にプリンストン大学新聞に語っている。ひとりのアフリカ系アメリカ人女子学生がある教授に不正を非難されたという。論文が良く書けたというのがその理由だった。

「教授はこう言いました。『君にこんな質の高い思考ができるはずはない』と。その論文は他の生徒たちのものと同じくらい良く書けていたのです。ただ、彼女の肌の色が濃かっただけです」

やっと見つけた自分の居場所

クレイグがいてくれることがどんなに心強かったか。ミシェルの兄は、プロのチームから注目されるほどのスター選手になっていた。

クレイグはすでにプリンストンの現実に慣れていた。高校では、先生たちは教育熱心でいつも生徒たちのことを気にかけてくれたが、大学の教授たちは自分の研究のことしか頭にないのだ。講義は、研究を続けるために仕方なくしなければならないものでしかなかった。学生たちを熱意を込めて指導するようなことはしない。一方で良い成績を期待した。

入学したばかりのころ、高校までは、いつも当然のようにトップの成績を取っていたクレイグは「困惑した」という。しかし、ミシェルが入学するころにはこんな助言をするようになっていた。それは彼が父親に言われたことと同じだった。

「プリンストンでは一番になれないよ。ただし、ビリにもならないけどね」

おかげでミシェルは戸惑わずに、平静を保つことができた。単位を順調に積み上げていった。むしろ多くのクラスメートよりも速かった。だからといって教授に脅迫されるようなこともなかった。ある日、クレイグは母に電話してミシェルの文句を言った。

「ねぇ母さん、ミシェルが、ここのフランス語の授業はおかしいって触れまわってるんだ」

ミシェルは、文語的なものではなく、もっと口語的なフランス語を教えるべきだと考えていた。研究することよりも、フランス語で討論できるようになりたいと思っていたからだ。だが、マリアンはもう先生と娘のあいだに割って入るようなことはしなかった。母は息子に言った。

「知らないふりをしなさい」

ミシェルはまた、当時のアフリカ系アメリカ人学生にとって最大の危機を回避する方法も見つけた。その危機とは「イーティング・クラブ」（会食クラブ）である。これらのクラブはプリンストン特有のもので、言ってみれば厳格な社交クラブのようなもの。どのクラブに所属するかによって学生生活に境界線ができる。ただし他の大学のものとの違いは、メンバーになる表向きの理由が、どんな人々と交流したいかではなく、どこでなにを食べるかにある。（三年生になると学生食堂を利用できなくなる）

今は広く門戸が開かれているが、それでも伝統あるクラブのメンバーになるには、何度も面接を受けたり、いろいろなゲームやコンテストに参加したりしなければならない。その後、既存メンバーたちが入会させるかどうかを判定する。ミシェルの時代、「伝統的」ではないクラブはなかった。

クラブとは概して同じものだが、たやすく入ることはできない。排他的なものだ。一九六〇年代まで——クラブによってはもっと後まで——ユダヤ人学生たちは閉め出されていた。女子学生を排斥するクラブも九〇年代まで残っていた。最後のひとつは裁判にもち込まれて門戸を開いた。

クラブに所属しているアフリカ系アメリカ人はほとんどいなかった。前出のミシェルの先輩ヒラリー・ベアードは、「クラブは進んで参加したいようなものではなかった」と言う。飲み会を目的にしているようなものもあったからだ。

「酔っぱらうと、普段言わないようなことが話題になります。たとえば人種偏見のことなど」

ミシェルもクラブに入ろうとしなかった。その考え方に賛同できなかったのだ。プリンストン大学を選んだのは、もっと広い世界に踏み出したかったからだ。新しい人々、新しい体験、新しいチャンス。同類だけが集まるような視野の狭い場所は好きではない。ホイットニー・ヤング高校では、人種の壁を壊そうとする生徒たちのひとりだった。プリンストンでの社会生活とは壁を作ることだった。もちろん、そんな伝統に魅力を感じてこの大学を選んだ学生もいた。

クラブを拒否したところにも、ミシェルの性格の一端を見てとることができる。彼女は、プリンストン大学の校風についてクレイグから聞いていた。自分にふさわしくないことを知っていた。それでも彼女はこの大学を選んだ。チャンスが広がると思ったからである。あるいは、自分が拒絶されるかもしれない場所に進んで飛び込んだのかもしれない。この後の人生でも、周囲の人々には理解できないような選択をミシェルは何度も繰り返していく。両親からは、自分の心に適《かな》う道に進むよう教えられてはいたが、まだ彼女はそのことをごく一般的にしか理解できていなかった。その数年後、ミシェルは本当に自分の心に適うための選択をする。

クラブに所属する代わりに、ミシェルはスティーブンソン・ホールに出入りするようになった。一九六〇年代、社会的・学術的な新しい思想を大学に取り込もうとする学生主導の運動によって創設された、自由な風潮の学生センターである。ミシェルのルームメート、アンジェラ・アクリーがそこで働いていたことがきっかけとなった。スティーブンソン・ホールにはコーシャーフード（ユダヤ教の戒律に従って処理された食品）のキッチンがあった。このセンターの役割のひとつは、当時クラブに入会できなかったユダヤ正教徒の学生たちに食事を提供することにあったからだ。ミシェルはユダヤ人学生たちと親しくなった。アクリーは大学新聞にこう語っている。

「休みのあいだにみんなでヴァーモント州にスキーに行ったり、ユダヤ正教徒の人たちのやることをなんでも一緒にやりました」

またミシェルはサードワールド・センターにいることも多かった。少数民族の学生たちのための施設である。（この名称『第三世界』はいま問題視されている。貧しい学生たち、学力の低い学生たちを思わせるからだ。まだこの名称を使っている大学もいくつかあるが、プリンストンのものは『平等と理解のためのカール・A・フィールド・センター』と改称された）

ミシェルはこのセンターで働いていた。大学職員の子どもたちを対象にした学童保育プログラムのコーディネーターだった。センター長のツェルニー・ブラスエルは、ミシェルの子ども扱いの巧さに感嘆した。まだ小学校に上がる前だった彼の息子ジョナサンも、ミシェルにとても懐《なつ》いていた。ミシェルとクレイグは歳の離れた兄と姉のようにジョナサンに慕われた。この関係は今もつづいている。三〇歳になったジョナサンは『ボストン・グローブ』紙に語った。ミシェルがピアノで弾いてくれるテレビ番組『ピーナッツ』のジャズピアノ『ライナスとルーシー』にわくわくした。

「一週間と聴かずにはいられませんでした」

ミシェルにとって、おそらく多くのアフリカ系アメリカ人学生にとって、サードワールド・センターは、白人たちのイーティング・クラブのようなものだった。アクリーは言う。

「私たちはそこで、勉強をしたり、たむろしたり、パーティをしたりしていました。学生生活の中心がそこにありました」

大統領選で問題にされた卒論

それから十数年後、二〇〇八年の選挙でのことだ。バラク・オバマの対立候補たちはサードワールド・センターに関することでミシェルを牽制した。彼女の卒業論文『プリンストンで教育を受けた黒人たちと黒人コミュニティ』を引き合いに出し、ミシェルが白人を嫌っているのではないかという疑問を投げかけた。その論文は他の卒業生たちのものと一緒にインターネットに掲載されていた。一言一句、微細にわたって検討された。

批評家たちはミシェルが疎外されていたことを問題にしたのだ。彼女はこう書いていた。「プリンストン大学で、私は以前にも増して自分の『黒人の性《さが》』を意識するようになりました。白人の教授たちやクラスメートたちがどんなにリベラルで寛大に振る舞おうとも、私は自分がキャンパスの部外者であるかのように感じることがありました。そこがまるで自分が属している場所ではないかのように。どんなときでも、白人の人々にとっては、私は学生のひとりである前に、黒人だったのです」

ミシェルは、自分で自分のことをどう見ているかを書いているのではない。周囲にどう見られているのかを書いている。それが彼女にとって当り前の体験だったのだ。たしかにミシェルはここで少々言い過ぎのようにも思える。すべてのアフリカ系アメリカ人たちにとって必ずしもそうだとは言い切れないだろう。しかし、プリンストン大学の一学生の個人的な感想としては、それが事実だった。もしくは、二〇歳そこそこの学生が締め切りに追われて書いたものなのだから、完璧を求めることはできないだろう。だが、そんな点も小さな問題だ。いずれにしろ、バラクの対立候補たちが言うような、彼女の妄想などでは決してない。

論ずるべきことはもっと他にある。ミシェルの卒論の主題だ。それは「統合か、分離か」

という古くからある命題である。すべての人種と文化はこの問題に突き当たってきた。その一方が好ましく思われることもあれば、また他方に賛意が集まることもある。ミシェルがプリンストンにいた時代、アフリカ系アメリカ人はこの問題を避けては通れなかった。ミシェルとほぼ同時期にプリンストン大学に在籍していたロビン・ギヴァン（現在は『ワシントンポスト』紙のコラムニスト）は、作家ライザ・マンディに言っている。アフリカ系アメリカ人学生たちとつき合うときだけ圧迫感を感じたと。彼女の中国系アメリカ人のルームメートが「私も中国人の子どもたちに囲まれると同じように感じるわ」と言ってくれたとき、少なからず気分が晴れたそうだ。

大学側はこの問題を解決しようとしてかえって事態を悪化させてしまうことも少なくなかった。ブラウン大学やその他のいくつかの大学と同じように、プリンストン大学でも、一般学生に先立ち、少数民族の新入生だけを対象とした「サードワールド・オリエンテーション（第三世界新入生説明会）」が、一週間にわたり行なわれた。ミシェルと同じく、友人のアンジェラ・アクリーにもその目的が理解できなかったという。

「大学が私たちだけ特別扱いしたかったのか、それともただ『すべての黒人の子どもたちを集めよう！』と思っていたのか、意図が掴めませんでした」

大学側の真意は、特別に準備させるべきだと思っていた――である。だがその結果、白人新入生たちがやってきたときには、すでに少数民族たちの友人関係ができあがっていた。ミシェルが卒論で指摘したように、大学側はもっと有効な手立てを講ずることもできたはずである。プリンストンには黒人の教授は五人しかいなかった。ミシェルの最終学年では、アフリカ系アメリカ人研究の講座はわずかに四つだった。

だが、バラクの対立候補たちが描き出したイメージとは異なり、多くの問題をはらんだプリンストン大学の環境に対するミシェルの反応は冷静でそれは数人の友人たちが今も腹立たしく思い出すほどだった。彼女は侮辱されたという妄想などにとらわれたことはない。ただ、ほんとうに侮辱されたときには黙視しなかった。

アフリカ系アメリカ人研究の元教授であり、ミシェルの卒論の指導教官だったハワード・テイラーは、ミシェルは「分離と統合」という命題に対して中庸の立場をとっていたと言う。

「彼女は目配りがきいていて、戦いを恐れなかった」

友人たちや教授たちの言葉から判断すると、学生時代のミシェルは現在のミシェルに近い人物のようである。

偏見がなく、明るく、エネルギッシュで、両親を熱愛し、そういった事柄に関してひたすら専念した。学習意欲も依然として旺盛だった。ただ弁護士になろうとしていたのではない。アメリカでもっとも難関といわれるロースクール（法科大学院）に挑もうとしていた。ハーバード・ロースクールである。

5章　エリート弁護士の道

なじめなかったハーバード

ハーバード・ロースクールにはいろいろな伝統がある。卒業生の親たちが卒業アルバムの巻末のページを買い、子どもたちへのメッセージを載せるのもそのひとつだ。一九八八年度のものには、ミシェルの友人への生真面目で形式ばった祝福の言葉の下に、フレイザーとマリアンの言葉がある。

「おまえは黙って引きさがる子じゃないってことは一五年前に、わかっていたよ」

このときミシェルは二四歳。アメリカでもっとも権威ある学位を二つ手にしていた。彼女の前には輝かしい道が敷かれていた。初任給は両親の収入を追い越すだろう。よほど大きな失敗がないかぎり、プリンストンとハーバードの名前があれば、将来は約束されている。ミシェルは、こういう高いレベルの成功を手に入れるには、それ相応の代償を支払わねばならないことを感じていた。ハーバードに通いはじめてしばらくたったころ、彼女は元上司――前出のサードワールド・センター長のブラスエルに電話で言ったという。

「もう一度やりなおせるとしたら、この道には進まなかったかもしれません」

ロースクールに行くべきかどうか、一年くらい働きながら考えてみるべきだったと後悔していたのだ。だが、ミシェルはいつものようにプレッシャーを受けとめ、前進しようとしていた。記者のレベッカ・ジョンソンにこう打ち明けている。

「こういった権威ある学校というのは、驚くほど人の視野を狭くするのです。弁護士になれる。ウォールストリートで働くことができる。社会的地位も高い収入も手に入れられる。それがとても簡単で、それ以外の道が見えなくなってしまいます」

もちろん、彼女にも収入を得ることは大切だった。緊急の問題でもあった。プリンストン大学の奨学金を返済しなければならない。

ロースクールが嫌いだったわけではない。ただ、心が弾まなかっただけだ。他の学生たちとは違い、ミシェルは討論に進んで参加しようとはしなかった。その数年後にバラクを指導した教授は、バラクのほうが討論に積極的だったという。ハーバードの学生たちの議論にミシェルは少しも興味がひかれなかった。彼女が口を開くのは、他の学生たちに対してではなく、先生に異論があるときだった。ミシェルはいつものように目上の存在には挑みかかった。

ハーバードの三年間でミシェルに大きな意味があったのは、授業のカリキュラムそのものではなかった。彼女は学生たちが運営している法律事務所に居場所を見つけていた。家主とのいさかいや離婚、借金の取り立てなどの問題を抱え、弁護士を雇う余裕のない人々がこの事務所のドアを叩いた。裁判になるようなケースの場合は経験のある弁護士の手を借りる。だが多くのケースは学生自身の判断にゆだねられていた。これがミシェルの気性に合った。彼女はほとんどの時間をこの事務所で過ごした。当時の同僚たちはミシェルのことをこう表現する。仕事に真剣で、有能で、それでいてオフィス内を明るくする——と。

とびきりな初任給

ハーバード・ロースクールを終えたミシェルは、思い悩んだ末、「ハーバード出」らしい道を進んだ。シカゴの一流法律事務所シドリー&オースティンである。市の職員として何十年も働いてた父の年収は四万ドル。二四歳のミシェルの初任給は六万五千ドルだった。

高収入は魅力的だったが、ミシェルは仕事に満足できなかった。上司は配慮してくれたが、それでも大会社の常として、新入に与えられるのはおもしろ味のない仕事ばかりだった。ミシェルが学生のころ手助けしていた訴訟経費を払う余裕のない人々は、シドリーのような大会社にはやってこなかった。

そんなある日、同僚のひとりがビデオテープを手に彼女のオフィスにやってきた。公共テレビ放送局が新しく買った番組に付随する著作権と商品化権の法的な手続きを処理する仕事が与えられた。ミシェルはテレビのある会議室に行き、ビデオデッキにテープを差し込んだ。画面に紫色の恐竜が飛び出し、ダンスをしながら歌いはじめた。アメリカじゅうの子どもたちの人気者になった『バーニー&フレンズ』である。彼女の仕事は少しだけおもしろくなった。

ミシェルには他にも仕事があった。夏期実習生の教育係である。大きな法律事務所は、人材確保の目的で、ちょうど子どもたちのサマーキャンプのように、夏休み中に有望なロースクールの学生たちを体験入社させる。実習生たちは、日中は実務を学び、夜には――それがサービス精神あふれる大会社なら――バーベキュー・パーティに誘われたり、スポーツ観戦に連れていってもらえたりする。

ある学生を面接したミシェルの同僚は、その人物の指導教官にはミシェルが一番いいのではないかと感じたという。ハーバード・ロースクールの学生がやって来る――とミシェルは聞かされた。その学生は普通よりも年長だった。大学を卒業してからロースクールに入るまでに間があったからだ。まだ一年目を終えたばかりだったにもかかわらず、シドリー法律事務所は彼を夏期実習に招いた。異例のことである。それほど彼が優秀だったということだ。ハーバードの教授たちのあいだでも話題になっていた。シドリーの古参弁護士たちは、その学生を釣り上げたことをとても喜んでいた。送られてきた彼の写真を見て、社内のあちこちで「キュート（かわいい）」という声が上がっていた。

だがミシェルはまったく興味を示さなかった。彼女はそのときのことを、バラクの評伝を執筆した作家、デヴィッド・メンデルに語っている。

「それまでには何人かの男性と何度もデートしたことがありましたね。その学生も、人当たりが良くて、初対面の印象がいいだけのスムース・ブラザー（中身のない男）なんだろうと思っていました」

経験上ミシェルは、白人の同僚たちの人を見る目を疑っていた。

「スーツを着て仕事をしている黒人を見れば、とにかく褒めるんだろうと思っていました」

だが、ミシェルの同僚たちは、彼女が思っていた以上にその学生に強い印象を受けていた。

6章　バラクと運命的出会い

バラクの教育係になる

ミシェルは自分が教育係を担当することになったその学生を、名簿で確かめてみた。悪くないわね、と思った。そしてすぐに気に入らないところを探した。鼻が大きすぎる。

それが当時のミシェルの癖だった。本能的な自己防衛である。デートすることはあっても、いつも真剣になる前に別れた。相手が悪い——そう思い込んでいた。いつもなにかしら不満だった。足りなかったり、多すぎたり。クレイグは、ミシェルのボーイフレンドたちに同情していた。

「僕が気に入らなかったやつなんか、ひとりもいませんでした。かわいそうでした。遅かれ早かれどうせクビになるんですから」

ほんの些細《ささい》な理由で、ボーイフレンドたちはクビになった。

「なにかミシェルの気に入らないことがあると、『もう終わりよ!』なんです」

彼女の言い分はこうだ。父にはおよびもつかない。彼女は父を超える相手を待っていたのだ。ミシェルの家族も、友人たちも、長い時間がかかるだろうと思っていた。

理由は他にもあった。昔からおなじみの理由だ。父親のことは単なる口実だった。相手に対して厳しかったが、ミシェルは自分にも厳しかった。失敗を怖れていたのだ。恋愛においても、彼女の完璧主義が顔をのぞかせていた。いつも心のどこかで、小さな間違いがすべてを台無しにしてしまうかもしれないと、怖れていた。ミシェルにとって、完全に正しくないならば、それは完全な間違いであった。

さらに、ボーイフレンドのことで気が散るのもいやだった。彼女は家族を、それも大家族をもちたいと思っていたが、弁護士になるために多大な努力を払ってきたのだし、この道でもっとやりたいことがあった。

そういったいろいろなことが積み重なり、ミシェルはガードを堅くしていた。彼女は言う。

「両親も、私とうまくやれるような相手が簡単に見つかるとは思っていませんでした」

そしてその夏、ひとりの実習生がミシェルの会社にやってきた。その青年――バラク・オバマは、ミシェルのオフィスに入り、自己紹介した。

鼻は……それほど大きくないわ。ミシェルはすでに態度を和らげはじめた。

彼の背が高いことに気づいた。そのことも気に入った。ミシェルは五フィート一一インチ（一八〇センチ）。ハイヒールを履けばもっと高くなる。バラクは六フィート二インチ（一八八センチ）あった。

そうね……意外にハンサムなほうかしら。ミシェルはそう思った。

バラクの受けた第一印象は、「背が高くて可愛らしい女性」だった。彼の自叙伝『合衆国再生』にある。彼の目に映ったミシェルは、誂《あつら》えのスーツとブラウスの似合う、「親しみやすく、優秀な女性」だった。

だが、ミシェルは冷静な態度を崩さなかった。それにはいくつかの理由があった。少なくともそのうちのひとつは理にかなっているだろう。

まず、彼女はバラクの教育係だった。上司というわけでもないが、仕事上の関係であることに変わりはない。個人的な感情を混同してはならないと考えていた。また、二人がアフリカ系アメリカ人だったことが、ミシェルの心に引っかかっていた。前出の作家デヴィッド・メンデルに語っている。

「社内に二人しかいない黒人の男女がデートなんかしたら、どう思われるだろうって考えました。スマートでないように思いました」

黒人職員は他にもいたのだが、彼女と同じ地位には少なかった。二人が同僚たちの注目の的だったのは事実だろう。だがそれよりも、彼女が急に周囲を気にかけはじめたのはなぜだろうか。「スマートではない」という言葉の裏にある、彼女の心の動きは、いったいどんなものだったのだろうか。他のアフリカ系アメリカ人カップルを見て、「スマートではない」などと思ったことは一度もなかった。たとえバラクが会社の他の女性とデートしたとしても、彼女はそんなふうに感じなかったことだろう。

男性との関係を避けようという固い決意を揺るがす出会いだったのかもしれない。社会的には、ミシェルは稀有《けう》な存在だった。ハーバード・ロースクール出身のアフリカ系アメリカ人女性。彼女は経験上、クライアントにも同僚たちにも、彼女が弁護士であるということを意識させることが大切であり、効果的であることを知っていた。それは、彼女の同僚の女性弁護士たちも、たとえ白人であっても、気をつけていることであった。ただ、ミシェルは二重に注意を払わなければならなかった。

バラクは何度もミシェルをデートに誘ったが、断わられ続けた。だが彼は諦めなかった。ミシェルはバラクに興味がなかったわけではない。彼女は母に宣言していたのだ。

「恋なんかでわずらわされたくない。自分のことに集中したいの」

もっともなことである。

バラクの気持ちをどうにかしてそらそうと、ミシェルは女友だちを紹介した。バラクは興味を示さなかったが、ミシェルは悪い気はしなかった。

彼女は自分自身を誤魔化していた。また、本心をだれにも悟られていないと思っていた。だが、はた目からは少々話が違うようだ。ミシェルの同僚のメアリー・キャラガーは、作家ライザ・マンディに語っている。午後遅く、ミシェルのオフィスに入ったとき、彼女の机の角に腰かけているバラクを何度か見ているそうだ。あきらかに仕事上の話ではなく、楽しそうに会話を交しているように思えた。その後も、いつも仕事だけに夢中だったはずの同僚が、やっと息抜きの時間を見つけた様子を、ドア越しに見かけた。キャラガーはドアをノックせずに静かにその場を離れた。バラクとのこんな会話をした後、ミシェルは決まって実習生についての新しい情報をキャラガーに話して聞かせた。

「ミシェルはバラクのいろんなことを知っていました」

一度は、キャラガーに向かって大声でこう言ったそうである。

「おばあさんがカンザス生まれの白人だなんて、信じられない！」

キャラガーは言う。

「彼女はバラクに強く惹かれていました。でも、いつも冷静だったんです」

自叙伝のなかで、氷を溶かすのは大変だったとバラクは言っている。夏のあいだしかチャンスはないのだから、ミシェルの「指導教官だから」という言葉くらいでは退かなかった。

「いいじゃないか」とバラクは言った。「どんなことを僕に教えてくれるんだい？　コピーの仕方を教えてくれるみたいに、どのレストランがいいかも教えてくれればいいじゃないか。一回くらいのデートは、会社の規律違反なんかにはならないさ」

それでもミシェルはきっぱり断りつづけた。バラクは押した。

「わかった。もう、ここ（会社）を辞めるよ。それじゃあ、君は僕の教育係なんだから、だれに話せばいいのか教えてもらえるかな？」

バラクへの関心が高まるほどに、ミシェルは慎重になっていった。夏が終わればバラクはマサチューセッツ州に帰っていく。ミシェルはかたくなだった。

「ついに僕が勝利を収めた」とバラクは書いている。「会社でピクニックに行ったとき、帰りに車で送ってもらった。僕はお礼に、家の近くのバスキン・ロビンズ（サーティーワン・アイスクリーム）でアイスクリームをおごりたいと誘った」

はからずも、それが二人の初デートとなった。以下は自叙伝にある。

「暑い夏の午後、僕らは歩道に出されたテーブルに座り、アイスクリームを食べた。僕は、一〇代のころにバスキン・ロビンズでアルバイトしていた話をした。茶色いエプロンと帽子がいかに格好良く見せるのが大変かを話した。彼女は、子どものころの二、三年間、ピーナッツバターとジャム以外は食べられなかった話をした。僕は彼女にキスしていいかどうかたずねた」

その後二人は隠れてデートした。そしてついに秘密にはできなくなった。映画館で同僚にばったり出くわしたからである。ミシェルは当惑した。そしてようやく同僚たちのいないところでは心を開くようになった。彼女はハーバード時代の友人ヴェルナ・ウィリアムズに電話して言った。

「なにが起こったと思う？　すてきな男性に出会ったの！　彼の名前はバラクよ！」

どんな経緯《けいい》で出会ったのか、相手のどこに惹かれたのか、ミシェルはすべてを話した。ウィリアムズは言う。

「ミシェルは彼にぞっこんでした」

「どうせまた長続きしないよ」

ミシェルは新しいボーイフレンドのことを家族にほとんど話さなかった。バラクの家族のことも、ハワイ生まれで、インドネシアに住んでいた子ども時代のことも、ハーバードで有名になっていることも隠していた。そして、なにも話さないまま両親との夕食に招待した。これはある意味、試験であった。前もって売り込んだりしない。もし両親が彼のことを気に入らなければ、それまでだ。

こんなことは初めてではなかった。ミシェルの家族たちはバラクという青年に同情していた。クレイグはそのときのことを次のように言う。

「第一印象は、頭が良くて、気さくで、ユーモアがある――でしたね。思いましたよ。『長続きしないのは残念だなぁ』って」

両親も同じように考えていたそうだ。

「もって一カ月だろうって、両親と話していました。彼にまずいところがあるからじゃないんです。彼がなにか少しでもミシェルの気に入らないことをすれば、それまでだろうって」

ミシェルがまたとないチャンスをふいにする――とは、彼らは考えなかった。バラクの生い立ちと学歴を聞いていれば、もっと興味を抱いていたかもしれないが、バラクは自分のことをあまり話さなかった。ミシェルの家族たちは、バラクの母親が白人だとは思いもしなかった。その後も長いあいだ知らされなかった。秘密だったわけではない。バラクが言わなかっただけだ。ハーバード・ロースクールが発行している雑誌『ハーバード・ロー・レビュー』の編集長――それはとても名誉ある役職である――に立候補するつもりだということも、やはり言わなかった。だからミシェルの家族たちは、夕食を終えるころには、その青年に二度と会うことはないだろうと思っていた。家族の最終判決はこうだった。

「どうせまた長続きしないよ」

その一カ月後、クレイグはミシェルからの電話に驚かされた。お願いがあるというのだが、それがバラクについてのことだったからだ。まだ続いていたのか！　それでいったいどんなお願いなんだ？　クレイグは言う。

「僕と父には、ある理論があったんです。バスケットを一緒にやれば、どんな人間なのかわかる――という」

いいパスを出せるか。ボールをしっかり受けとめるか。自己主張できるか。反則に厳しいか。自分の反則を正直に認めるか。点数を誤魔化さないか。バラクとバスケットボールをして意見を聞かせてほしい――それがミシェルの頼みだった。クレイグは思ったという。

「まったく……俺を悪者にしたいのか」

クレイグはバラクを試合に呼び出した。約束の場所に現れただけでも、バラクの株は上がった。プリンストン大学のスター選手だったクレイグは、フィラデルフィア・76ナイナーズにドラフトで四位指名され、ヨーロッパでプロとしてプレーした経験があった。たとえ遊びでも真剣である。バラクの六フィート二インチ（一八八センチ）に対して、クレイグは六フィート六インチ（一九八センチ）。しかもクレイグはもっと大きな選手たちを相手にしていたのだ。それから何年も後の二〇〇一年、スーパースターのマイケル・ジョーダンが現役復帰を目指していたとき、クレイグは極秘トレーニングの相手のひとりに選ばれた。そのときの彼は四〇歳間近。バラクとの試合では二七歳。それにひきかえバラクは高校以来まともにプレーしたことがない。かなり得意なほうだったが、自分で思っていたほどではなかったかもしれない……。

クレイグはバラクを自分のチームに入れた。まず、バラクが左利きだということがわかった。つぎに、コートのどこに立てば有利になるかをわかっているようだった。やるじゃないか——とクレイグは思った。頭のいいやつだ。クレイグの友人の大男たちを相手に、バラクは苦戦していた。簡単にはゴールに近づけない。しかし、バラクには得意のアウトサイド・ショットがあった。なかなか練習を積んでいるな……クレイグはミシェルの望んだ通り、バラクの人物をつかんだ。

「コート内では大したやつだって、ミシェルに報告できてうれしかった」

何百万もの人々がバラク・オバマの人柄を知りたがっていたころ、クレイグはその試合での評価を『プロビデンス・ジャーナル』誌に語っている。

「うぬぼれているわけじゃなく、自信をもっていた。真剣だった。勝とうという意欲があった。きわどい判定があったときはしっかり主張した。彼のプレーは全体的に誠実でした。僕にパスを出すとき、ガールフレンドの兄貴だなんてことは考えていませんでした」

試合の後、クレイグはバラクにもっと興味をもつようになった。バラクは多くを語らなかったが、強い意志を示した。やがてミシェルの両親もクレイグと同じ思いをもつことになる。クレイグは言う。

「妹はとても気が強いんです。兄貴の僕でさえ今だに怖いんですから。妹は軸がぶれない。自分の生き方がはっきりしている。だから、同じくらい強くて正面から立ち向かえるようなやつじゃないと、とても相手にはならない。僕も両親も、バラクがミシェルとうまくいってくれるように祈りました。バラクは、ミシェルに立ち向かえる珍しい男だってことはよくわかっていました」

彼に恋した理由

バラクはいかにミシェルの心を掴むかを心得ていた。ある日、かなりユニークなデートに彼女を誘った。それは、彼が主催していた教会の地下でのコミュニティ・ミーティングだった。バラクはそこで自分のもうひとつの顔を見せた。ミシェルは言う。

「私も――教会の地下の部屋にいるすべての人たちも、彼の力でひとつにつながりました。彼は心に響くはっきりとしたヴィジョンを、それも本物のヴィジョンを、人々に与えることができたのです。そのとき、その場で、私は確信しました。彼の真正《しんせい》さ。この人は本物なんだと。それが、私が彼に恋した理由でした」

ミシェルは現実を見据えていたが、バラクは金銭にまったく興味を示さなかった。そのこともミシェルを惹きつけた。

「彼はウォールストリートで働くこともできました。大企業に就職しようと思えば簡単にできました。けれどそうしなかった。その代わりに、若い母親たちを市役所へ連れていき、要求を声にする手助けをしていました。変革を訴えかけることを選んでいました」

また、バラクが自分の活動には価値があり、希望があるのだと信じて疑わなかったことも、ミシェルの目には大きな魅力として映った。

「彼はとても単純な考え方を語りました。それは、アメリカ人である私たちが、世界で起きている出来事を理解することです。ときには不平等があり、失望させられることのある世界ではあっても、私たちはアメリカ市民として、あるべき理想の世界を作り上げるために力を合わせるんだ、ということです」

またバラクは、だれも知らない――家族でさえ気づいていないミシェルの一面を見抜いていた。彼の自叙伝『合衆国再生』にある。

「彼女の瞳のなかにはかすかな影があった。とても小さな不安である。まるで彼女は、心の奥深くで世界がどれほど壊れやすいものであるかを知っているようだった。しっかりと掴まえていなければ、一瞬でも手をはなせば、彼女の将来はすべて無に帰してしまうことを知っているようだった」

ミシェルは、強い外見とはうらはらの内面に気づき理解してくれる人を必要としていた。バラクがはじめてだったのだ。ずっと後のことだがクレイグも語っている。ミシェルのことを一番よく知っているはずの彼も、バラクの洞察力には何度も驚かされたと。

だが、夏期実習が終われればバラクはマサチューセッツ州に帰らなければならない。ハーバード・ロースクールはまだ二年間残っている。離れていても大丈夫なのか。バラクにとって遠距離恋愛ははじめてのことだった。

ミシェルと遠距離でも恋愛を続ける価値があることをバラクは知っていた。二人の関係は続いた。ミシェルはそのころのことを『ニューヨーカー』誌のローレン・コリンズ記者に語っている。

「私たちはずっと、結婚が必要かどうかという議論をしてきました。いつも私たちのケンカのタネでした。私は『いいこと？　私はなんとなくずっとそばにいてあげるようなタイプじゃないの』と言い続けました。そんなの私じゃありません」

バラクも頑固だったと彼女は言う。

「彼は言うんです。『結婚そのものに意味はないと思うよ。大切なのは心だろう？』。それで私は『へぇ、そうなの』って」

二人は三年間つき合った。ミシェルがしびれを切らしかけていたころ、バラクは彼女をシカゴの高級レストランに誘った。バラクが司法試験に合格したお祝いだった。これで彼はイリノイ州で弁護士を開業することもできるようになった。つぎはなにをするつもりなのか。

当然の疑問であるが、バラクははっきりしなかった。食事が終わるころ、彼はまたしても古いケンカのタネを引っぱり出した。結婚なんか無意味だ。ミシェルは言う。

「また同じ議論に引き込まれました」

彼女はカッとなった。バラクは、紙切れなんかじゃなにも変わらないと主張し続けた。もううんざりだった。十分に待った。ミシェルが最後の言葉を口にしようとしたとき、ウェイターがやってきた。

「デザートのトレーの上に指輪が乗っていたんです！」

一九九二年一〇月、二人は結婚した。ミシェルが想い描いていたとおりの結婚式——ほぼ心に描いていたとおりの素晴らしい一日だった。「ほぼ」というのは、その場に一番いてほしかった人物、彼女が一番頼りにしていた人物がいなかったからだ。晴れの日の幸せにつつまれながらも、大切な人を失った悲しみをきっかけに、ミシェルの人生は変わりはじめていた。彼女のことをもっともよく知る人々でさえ驚かずにはいられないような方向に。

7章　ほんとうにしたい仕事

高給を捨てて公職に

一九九一年、ミシェルとバラクが結婚する一年半前、フレイザー・ロビンソンは世を去った。まだ五五歳だった。腎臓の手術を受けた後、合併症を起こして帰らぬ人となった。

ミシェルは悲しみに打ちひしがれた。物心ついたころからずっと父の健康を心配してきたが、まさかこれほど早く、それも突然にいなくなってしまうとは……。

自叙伝のなかでバラクは書いている。彼は急遽シカゴに飛んだ。棺が埋葬されるとき、ミシェルを抱き支えていた。そのとき彼はフレイザーに心のなかで誓ったという。彼の娘を一生大切にすることを。

ミシェルにはバラクの助けが必要だった。彼女はその前年にも親友のひとりを二五歳の若さで亡くして動揺していた。

スザンヌ・アリーリとミシェルはプリンストン大学のクラスメートだった。スザンヌの生い立ちはバラクと同じように変化に富んでいた。ナイジェリア生まれでジャマイカで育った。その後ワシントンD.C.に引っ越してきた。スポーツ・ウーマンでコンピュータおたく。楽天的な性格で、ミシェルによくこう言っていた。

「将来の心配ばかりしてないで、もっとリラックスして人生を楽しみましょうよ！」

だからといってミシェルはあいかわらず勉強に精を出していたが、スザンヌとは仲の良い友だちだった。

ベットのそばで親友の最期を看取ったときから、ミシェルは人生について考えはじめた。自分はどう生きるべきなのか、自問を繰り返した。リチャード・ウルフ記者に語っている。

「もし四カ月後に死ぬのだとしたら、これは私の望んでいた人生なの？　アメリカの一流大学を出たのに、自分がなにをやりたいのか考えていなかったのです」

プリンストンやハーバードを目指して学業に励んだことで、却って視野が狭くなってしまっていることに気づいた。

「お金を稼いで良い生活をすることもできます。でも世の中への恩返しはどこで学ぶのでしょう？　どの学校に入るかなどではなく、本当に情熱を傾けられることを見つけることは？」

ミシェルは成功を捨てる決心をした。シドリー法律事務所の元上司は言う。

「もしあのまま辞めていなければ、彼女は高名な弁護士になっていたでしょうね」

ミシェルは後に『ニューヨーク・タイムズ』紙に語っている。

「私の家の近くの人たちに目を向けました。そして、突然閃きのようなものを感じたのです。私を育ててくれた場所のために、自分の学んだ技術を使うべきなんだと。お金だけではなく、自分が情熱を捧げられるもののために仕事をしようと思ったのです」

問題は——給料の額は、高額の借金を抱えている人にとって重要な事柄だ。ミシェルもそんなひとりだ。返済しなければならないプリンストンとハーバードの奨学金が重くのしかかっていた。しかし、お金のことを心配しすぎるのも間違っているような気がした。後に彼女は言っている。いつかベンツに乗って帰省したいなどとは考えていなかったと。

バラクの影響だった。ミシェルのような現実主義者でないバラクにとって、自分の心に従って生きるようにと彼女に言い続けるのは、たやすいことだった。お金？　無頓着だった。あろうがなかろうがあまり気にしない。そのころのバラクの車は錆《さ》びてボロボロ。助手席の床に路面が見えるほどの大きな穴が開いていた。後年上院議員になってからも、公務のための支払いに自分のクレジットカードを使い、請求するのを忘れるほどだ。

しかし、ミシェルの家族は違った。当然父は娘のことを心配した。

「奨学金は返せるのか？」

大学のルームメートだったアンジェラ・アクリーは言う。ミシェルのやろうとしていることとが信じられなかったと。

「親よりも高い給料をもらっていたのに、辞めるだなんてありえないことでした」

だが、勉学に励めということの他に、自分の心を喜ばせる道に進めというのが両親の教えだったのだ。ミシェルはそれに従った。

また、自分にチャンスを与えてくれた人々のことも頭にあった。一九六〇年代に「ウィリスの護送車」だった教育環境を、ホイットニー・ヤング校のような学校を生み出すまでに改善させた社会活動家たちである。ミシェルは『シカゴ・サンタイムズ』紙のメアリー・ミッチェルに語っている。

「私はコミュニティ・リーダーたちの言うことをそのまま実行したのです。学校での勉強にベストを尽くしなさい。できるだけいい学校を卒業しなさい。そして、その後は地域社会のために働いてください」

ミシェルは地域奉仕団体や政府機関に手紙を送った。その一通を読んで興味をもったのが、シカゴ市長リチャード・M・デイリーの次席補佐官、ヴァレリー・ジャレットである。

M・デイリー現市長は、J・デイリー前市長の息子だった。前市長は、ミシェルが子どものころにシカゴの民主党の実力者だった人物である。ミシェルはあまり良い印象をもってい

なかった。選挙区幹事だった父の経験から、家族全員が政治に不信感を抱くようになってい
た。アフリカ系アメリカ人たちを狭い地区に押し込め、粗末な学校しか与えてくれなかった
のは、J・デイリーだったのだ。

だが、ミシェルはとにかく面接を受けてみることにした。そして、市長の次席補佐官と意気投合した。一五分間の形式的な面接のあと、二人は一時間半もおしゃべりした。ヴァレリー・ジャレットはすばらしい経歴の持ち主だった。生まれはイラン。彼女の父親は医師だった。イランで小児科病院を運営していた。その後、子ども時代をロンドンで過ごし、家族そろってシカゴにもどってきていた。曾祖父、祖父、父親にならい、アフリカ系アメリカ人の壁を乗り越えてきた家系の一員として、ジャレットは弁護士になり、公職に身を投じていた。彼女がシカゴの古い慣習にとらわれていないことはすぐにわかった。

ジャレットのほうは、ミシェルが市のために役立つ人材であることを見抜いていた。

「面接の最後に、私は役職を提供しました。決定するのは市長ですから、本当は私が決めてはいけなかったんですけれど。自信に満ちあふれていて、熱意があり……私は彼女の偏見がない点に惹かれました」

だが、ミシェルはすぐには承諾しなかった。バラクも市役所の体質に疑いをもっていたか

らである。バラクに会ってほしい――ミシェルはジャレットに頼んだ。ジャレットは難なくバラクの説得に成功した。後に、彼女はオバマ大統領にもっとも信頼される補佐官のひとりになる。

市役所でのミシェルの仕事は改革だった。彼女は、市民や事業主たちが市役所に対して抱いている不満や問題を解決し、システムを改善する責任者になった。一流法律事務所にくらべれば給料は格段に安かったが、満足感は大きかった。その後、計画開発局の副局長になった。ミシェルはこの役職で、子どものころにシカゴで起きた紛争の原因となったさまざまな問題を改善する仕事に従事することができた。

ボランティア・ワーカーの先頭に立つ

市の職員になって一年半後、また新しいチャンスがめぐってくる。その前年にワシントンD.C.で創設されたばかりの地域奉仕団体パブリック・アライズが、初めての支部を設立する都市にシカゴを選んだのだ。(今は全米各地の二〇都市にある)。ボランティア活動と教育活動を通して地域に奉仕する若者たち――コミュニティ・リーダー――を育成する。それがパブリック・アライズの主旨だった。コミュニティのまとめ役としてのバラクの手腕を伝え聞いていた本部は、シカゴ支部の運営を彼に任せたいと思っていた。だがバラクはこの申し出を断った。そして、本当にふさわしい人物としてミシェルを推薦した。後にパブリック・アライズの人々はバラクに感謝することになる。会長のポール・シュミッツは言う。

「当時のスタッフの平均年齢は二三歳でした。まるで弱小球団が大物選手を獲得したようなものです。ミシェルは二九歳。ハーバードの法務博士号があり、一流法律事務所と市役所での勤務経験があった。ちなみに私の前職はテレマーケティングの会社です。正直な話、彼女が承諾してくれたことに驚きました」

ミシェルには確信があったという。

「まだ設立されて間もなかったし、不安もありました。でもなぜだか惹かれました。そんなふうな確信があったのは初めてでした。『私がやりたいことはこれだわ。ここにあるの。絶対にやるわ』って」

ミシェルは事務局長になった。そして彼女の給料はまた下がった。

最高責任者として、ミシェルは自分のやり方で支部を運営した。パブリック・アライズ創設者のひとり、ヴァネッサ・キルシュは言う。

「彼女はとても目標が高かった。私たちはいつも、最善な方法でやっているかどうか常に求められていました。雇い主は私たちだったはずなのに、まるで私たちが雇われているような気がしていました」

ミシェルのまわりでは何事も中途半端は許されなかった。シカゴのコミュニティ・リーダー、バーバラ・ペース＝ムーディは言う。彼女はバラクと結婚する前のミシェルに会っていて、若い女性たちの教育を目的としたボランティア活動の中心的な存在だった。

「私たちは大きなパーティを主催しました。ミシェルと彼女の義理のお姉さんは、参加者の女の子たちのヘアセット代やホテル代を自費で払ってあげていました。みんなは、『ミシェル・ロビンソンっていったい何者なの？』って、首をかしげていました」

ミシェルは人々に勇敢さも示した。警察官でさえ行きたがらないほど治安の悪い地区、カブリニ・グリーンにも、彼女は少しもためらうことなく入っていった。ミシェルはボランティア・ワーカーたちの模範になった。当時、不法滞在者だったホセ・A・リコは言う。

「あの人は決して傍観したりしないんだ」

ラテン系アメリカ人のための高校を作りたいという大きな夢をもっていたホセは、ミシェルの助けを借りて市民権を獲得した。そして高校を創立し、校長になった。

ミシェルはさまざまな経歴の持ち主たちに手を差しのべた。リーダーとして、自分の思うままのやり方をつらぬき通すことができた。とても上品とは言えないようなことも多々あった。『ニューヨーク・タイムズ』紙に語っている。

「真の変革は、心の底から正直になって、思い切ってとても不快なことを口にするときに起こるのです」

ミシェルはパブリック・アライズに四年間いた。シカゴ支部をたくましく育てあげ、活動を将来につなげるため、顧問委員会を作った。資金集めにも手腕を発揮し、一年分の運営費に相当する貯蓄を残して退任した。以後一〇数年、この功績に肩をならべることのできた人物はまだ現れていない。シュミッツ会長は言う。

「彼女が基礎固めをしてくれたんですよ」

しかし、彼女の私生活はますます不安定になりつつあった。ミシェルがパブリック・アライズに全力を注いでいるあいだ、バラクのほうは仕事に不満を抱いていた。コミュニティー・サービスに関わる事案を扱う法律事務所に身を置いてはいたが、彼が望むように判事に法律を解釈し直してもらうよう要請するだけでは、不十分だと思うようになった。バラクは一から法律を作り直したい欲求に駆られた。そしてそれは政治家になることを意味していた。

8章　子育て・夫育て

家庭崩壊の危機

一九九五年、バラクはイリノイ州議員に立候補したいと思いはじめていた。三四歳になろうとしていた。このときミシェルは三一歳。子どもを産みたいと思っていたため、不安にかられた。多忙な日々が待っていることを知っていたからだ。イリノイの州都はスプリングフィールド。シカゴから車で三時間かかる。夫が州議会で忙しいとき、ミシェルはひとり家に残されることになる。また、政治家なんかになれば、法律事務所で高収入を得られる可能性がなくなってしまう。夫がお金儲けに興味がないことには慣れていたが、子どもを育てるには相応の経済的基盤が必要だ。

結局、ミシェルは彼を支える決心をした。彼がしようとしていることが正しいことなのかどうかは彼女にはわからなかったが、どうしてもやらなければならないんだと説得を繰り返す夫の熱意を信じることにした。

バラクは民主党に有利な選挙区から出馬した。現職のアリス・パーマーは、連邦議会議員に立候補するため退任していた。バラクは一九九六年一一月に当選し、翌年一月に就任した。

バラク・オバマの政治家としての人生がはじまった。やがて、ミシェルとの結婚生活に暗雲が漂ってくることになる。

そのころのイリノイ州議会では、民主党は少数政党だった。バラクは望んでいたように政策に影響を与えることはできなかった。一年生議員だったため党内での発言力もなく、やがて失望しはじめた。

ミシェルは、シカゴ大学で新しい職に就いた。それはシカゴの変革を象徴するものだった。子どものころのミシェルにとって、家から一、二ブロックのところにあるシカゴ大学は、まったくの別世界だったという。ホリー・イエーガー記者に語っている。

「シカゴ大学は私の家から歩いて約五分のところにありました。でも、一度もキャンパスに入ったことはありませんでした。建物はすべて周囲の地域に背中を向けていました。私のような子どもたちがまわりに住んでいることを無視しているように感じて、関わりたくありませんでした」

だが、その大学も変化を望んでいた。そのころのミシェルはパブリック・アライズでの活動で名前を知られるようになっていた。シカゴ大学は彼女を雇った。提供された役職は、教育推進プログラムの教務主任と地域参加型学生支援センターの責任者を兼ねたもの。つまり、学生たちを地域の奉仕活動に進んで参加させるよう仕向けることが、彼女の仕事だった。子どものころにシカゴで起きた市民紛争の原因のひとつを改善できる。ミシェルは組織に入り、内側から変革に着手した。

ここでもミシェルは全身全霊を捧げた。バラクの政治活動に反対はしなかったが、自分の時間をすべて夫のために使うつもりはなかった。むしろ自分の仕事に協力してほしいくらいだった。

一九九八年七月、長女マリア・アンが生まれた。ミシェルはワーキング・マザーになった。バラクは通勤に三時間かけていた。しかもシカゴにいるときでさえ多忙だった。否応なしに政治家というものはたくさんのパーティに出席しなければならない。さらに彼はシカゴ大学で法律学を教えていた。

なんの力もない州議会議員に不満を感じつつも、バラクは政治の道を諦めようとはしなかった。二〇〇〇年の連邦下院選への出馬を決めた。だが、妻の賛同を得ることは容易ではなかった。彼の自叙伝にある。

「妻は怒りを抑えかねているようだった。『自分のことしか考えてないのね。子どもをひとりで育てることになるなんて、夢にも思わなかったわ』と、私を責めた」

結果は落選。それでも彼が州議会議員であることに変わりはなかった。また、夫婦の状況にも好転の兆しは見られなかった。

その後、二〇〇一年六月、次女ナターシャ（サーシャ）が生まれると、やがていつも家にいない夫に対する妻の怒りは頂点に達する。家族でハワイ旅行に出かけたとき、ミシェルはついに怒りを爆発させた。重要な法案の決議があったため、早くスプリングフィールドに戻るようにと知事に言われていたにもかかわらず、バラクはハワイを離れることができなかった。

法案は議会を通過しなかった。知事に敬遠され、記者たちに非難されることになったが、バラクにとっては妻の怒りよりはまだ対処しやすかった。

慢性化した夫婦関係の問題を解決する手立てとして、ミシェルは夫に多くを望まないことに決めた。一方で、夫を教育することにした。もっと家庭のために時間を割くようにと口うるさく言うのをやめ、とにかく家にいるときにはなんでも手伝わせるように仕向けた。ミシェルが日の出前にジムに通いはじめたのもそうだ。娘たちの朝食を用意するのはバラクの役目になった。ミシェルはこの発想の転換について『ヴォーグ』誌のレベッカ・ジョンソン記者に語っている。

「私は長いあいだ、夫にもっといろんなことをやってほしいと思い続けていました。でも、彼は彼なんだって気づいたんです。いつも留守だからといって、彼が悪い父親で、家族のことを蔑《ないがし》ろにしているわけでもないんです。夫じゃなくてもいい。私の母に手伝ってもらうのもいいし、優秀なベビーシッターでもいい。そう考えるようになって、結婚生活がうまくいくようになりました」

無一文でも夢を追い続ける夫

ミシェルはまた新しい仕事に就いた。シカゴ大学病院から委嘱《いしょく》されたのだ。地域との関係を密にすることが、彼女に託された役割であった。ミシェルは、長年続いてきた地域の人々と病院との不信感をぬぐい去ることに全力を尽くした。

兄クレイグに人生の転機が訪れたのはそのころのことだった。クレイグは妹と同じような一大決心をしたのだ。そこにはミシェルの後押しがあった。

クレイグは、プリンストン大学卒業後、ＭＢＡ（経営学修士）を取得し、ウォールストリートで働いていた。九年間務めているあいだに副社長になった。もちろん億万長者にも。その後、シカゴの金融機関に移り、あいかわらず成功を続けていた。にもかかわらず、ミシェルの兄は幸せを感じていなかったのである。

クレイグは自分の仕事が好きになれなかった。それが妻と離婚することになった原因のひとつだった。本当にやりたいのは――と、彼はミシェルに相談した。バスケットボールのコーチになれるチャンスがやってきていたのだ。社会的地位は低くなり、給料も何分の一かになる。悩んでいる兄にミシェルは言った。自分の心に従うのよ。いまクレイグは世界一幸せなヘッドコーチのひとりだ。彼は言う。

「私は毎日、毎日を愛しています」

一方、不幸にもバラクとミシェルの経済的問題は消えていなかった。二〇〇〇年、民主党全国大会に参加するためロサンゼルス空港に降り立ったバラクは、レンタカーを借りられないことに気がついた。クレジットカードを限度額いっぱいまで使ってしまっていたのだ。

日々の生活の現実に直面していたのはミシェルだった。彼女は内心では、夫が自分の考えに近づき政治から足を洗ってくれることを願っていた。しかし、依然として家庭の戦略を立てて戦っているのはミシェル。バラクはあいかわらず自分の夢追い人《ドリーマー》だった。その証拠に、二〇〇一年の暮れ、バラクは二〇〇四年の上院議員選挙に立候補するつもりだと言い出した。

ミシェルは、夫は常軌を逸したのだと思った。いったいお金はどうするつもりなのか――計画を聞く前にすでにそう思っていた。

バラクに巡ってきたチャンス

そのころのことを、ミシェルは作家デヴィッド・メンデルに語っている。

「その上院議員にとって、最重要課題はお金でした。言いたくないのですが、誰もそのことを指摘しなかったのです。クレジットカードはいっぱいだったのです。いったいどうやって乗り切ろうというのか……。家が二つ必要になるんです。シカゴとワシントンD.C.と。奨学金も返済し終えていませんでした。二人の娘の学費は？ 大学進学のための準備もはじめたかったのに……。『また危険な賭けをするつもり？ 自殺行為だわ』って、彼に言いました。『バカなこと言わないでちょうだい。たとえ当選したところで、明るい未来に踏み出すためのお金が残らないわ』って。彼は言うんです。『そうだな……僕が本を書くよ。いい本を』。私は心のなかで思いました。『へぇ、そうなの。本を書くのね。なるほど。それであなたは豆の木に登って、金の卵を取って来るんでしょ、ジャック？』って」

バラクは熱心に説得を繰り返した。世の中を変えたいんだ、それにはこれが一番いい方法なんだと訴え続けた。今度落選すれば政治から足を洗う――その言葉に、ミシェルはついに折れた。夫にこう言った。

「どう転ぼうと死ぬわけじゃないわ。やってごらんなさい」

ミシェルは、自分の素直な気持ちをひと言付け加えた。

「負けてもともとよ」

バラクが二冊目の著書『合衆国再生』を書き上げたのは、それから数年後である。選挙運動の一番大切な問題には、もっと現実的に対処した。いろいろ手をつくした挙句、経験豊かで切れ者のデヴィッド・アクセルロッドを選挙参謀に引き入れることに成功したのである。アクセルロッドは『Yes, we can』というスローガンを思いついた。コンマを取ったものを、彼らは二〇〇八年の大統領選でもう一度使うことになる。

二〇〇四年七月二七日、バラクはまだイリノイ州内でもほとんど知られていなかった。アクセルロッドはメディア戦略チームを組み、バラクの顔を売る作戦を展開した。彼らは対立候補のことを熟知していた。そのうち足をすくわれることがあると予想していたが、それは現実になった。投票日までにはバラクが優位に立つ目が見えてきた。そして、KOパンチを浴びせる絶好の機会がめぐってくる。彼らは、ボストンで開催される民主党全国大会の基調演説という大役を射止めたのである。

バラクはいきなり全国放送のテレビカメラに囲まれることになる。バラクとアクセルロッドのチームはスピーチ原稿に取り組んだ。何週間もかけ、一言一句まで完璧に練り上げた。大会当日が近づくにつれ、チーム全員の緊張は高まった。その夜、会場に向かうまで、男たちはホテルの一室で熱い議論を交わしていた。バラクは直前に側近のひとりとネクタイを交換して会場入りした。

全員の緊張をミシェルは見逃さなかった。バラクも堅くなっている。全国区に打って出る最初の一歩になるのか、それとも政治家人生最後の夜になるのか——ステージに上がろうとするバラクを、妻は、彼女らしいちゃめっ気たっぷりに送り出した。

「ドーンとしてりゃあいいのよ、あぁた!」

彼女の夫はへまをしなかった。

「自由主義のアメリカなど存在しません! 保守主義のアメリカなど存在しません! 存在するのはアメリカ合衆国なのです!」

彼は声をかぎりに訴えた。

「黒人のアメリカも！　白人のアメリカも！　ラテン人のアメリカも！　アジア人のアメリカも存在しません！　存在するのはアメリカ合衆国なのです！　私たちはひとつなのです！」

その四カ月後、バラク・オバマは合衆国上院議員に当選した。翌年一月に就任。宣誓式の後、連邦議会議事堂から出てきたバラクは、大勢の報道陣に取り囲まれた。そこで待っていた彼の娘——六歳のマリアは、うれしそうに父を見上げて言った。

「パパは大統領になるの？」

少し困った顔をしたバラクに報道陣から笑いが起こった。しかし、娘の質問に答えようとしない彼に、『シカゴ・トリビューン』紙の記者が訊《たず》ねた。

「さて、どうです、上院議員？」

9章　大統領と家族

妻の重い一票

ワシントンD.C.でのその日のバラクは娘にも記者たちにもなにも言わなかった。彼は自分の野心を披瀝《ひれき》するほど愚かではない。だが、少しは勇み足をしたことも過去になかったわけではない。

その一四、五年ほど前のことだ。バラク青年は、上院議員の席と同じくらい入手しがたいものを手に入れていた。ミシェルのボーイフレンドの座である。そしてその日、ようやくロビンソン一族が一同に会するパーティに招待されることところまで漕ぎつけていた。

最初に声をかけてくれたのはクレイグだった。バスケットボールの試合をして以来、ほとんど顔を合わせていなかった。あいかわらず妹思いのクレイグは、バラクにこんな質問をした。

「ハーバードを出た後、どうするつもりなんだい?」

それは、「妹のことをどれだけ真剣に考えているのか」という意味であった。結婚するつもりなのか? バラクは答えた。

「教師になるつもりです。それから、そのうち選挙に出馬するかもしれない」

「へぇ、市会議員にでもなりたいのかい？」とクレイグ。

「ちがいます。上院議員にです。できれば大統領にも」

「大統領？　どこの？」

「合衆国の。できれば」

クレイグは、「金星から帰ってきたばかりだ」と告白した男を見るような目をバラクに向けた。

「まぁ……グレーシーおばさんに話してみたらどうだい？　いま言ったこと、だれにも言っちゃダメだよ」

それがバラクのやりたいことであり、人々はバラクにやってほしいと言っている――これほどの強みはない。バラクを引き留めるものがあるとしたら、ミシェルだけだった。バラクはなによりもまず、妻の一票を獲得しなければならなかった。

もし夫が大統領選に本当に出ようというのならミシェルは夫に確かめておきたいことがあった。山ほどあった。彼女は、バラクとともに上院議員選挙を戦った参謀たちと二度にわたる長い会合をもつことになる。ミシェルが夫の選挙運動に深く関わるのはそれがはじめてだった。ほとんどのスタッフたちはミシェルの性格をよく知らなかった。あらゆる事態を想定し、周到に準備する――ミシェルの堅実さと几帳面さに舌を巻かない者はいなかった。彼女はグウェン・イフィール記者にその内容を語っている。

「みなさんが陥るかもしれない最悪の事態をすべて考慮してみました。みなさんが第一歩を踏み出す前に、どんな小さな不安も取り除いておきたいからです。気持ちの上でも、経済的観点からも、すべての準備は整っているのか？　私の頭からは最悪のシナリオがどうしても離れません」

彼女はバラクの「自己満足」だけに終わってほしくなかった。これはみんなにとって重要な問題だ。勝てる見込みはあるのか。いったいどうやって？　そしてマリアとサーシャにとってどんな意味があるのか。

ミシェルの疑問のほとんどは現実的なものだった。資金はどうするのか。すでにヒラリー・クリントンが大多数の支持を集めている。ヒラリーのキャンペーン・チームに対抗できる人材を集めることなどできるのか。時間的余裕もない。有能なスタッフのほとんどはヒラリーの手にある。女性票なしに、バラクが予備選を勝ち抜き、民主党大統領候補の指名を獲得できる可能性はあるのか。これまでバラクが獲得していた女性票は、おそらくヒラリーのもとに集まるだろう。夫が出馬し、落選したら、いったいどのくらいの負債を抱えることになるのか。それは返済できるような額なのか。危険はないのか。人種的観点から、バラクは間違いなく他の候補よりも身の危険にさらされることになる。

また、彼女は別の本質的な疑問ももっていた。選挙に勝つために、バラクが自分の信念を曲げなければならないようなことはないのか。だれも非難・中傷をしないという信条のバラクが、複雑で政治的な問題に対してあいまいな立場しか取れないようなことはないのか。

バラクの側近たちはミシェルの疑問に思慮深く答え続けた。そしてついに、ミシェルはバラクに一票を投じた。彼女はメリンダ・ヘンネバーガー記者に語っている。

「私の最終的な考えはこうでした。バラクは公正な魂をもった有能な人です。私が彼を大統領にしたくない理由があるとすれば、彼が私の夫だということだけです。そんな利己的なことは言えませんでした」

長い選挙戦と娘たちの生活

ミシェルはバラクの側近たちを信頼することにした。そして、マリアとサーシャのために通常通りの生活が続けられるように十分な配慮をした。彼女の理想とする「家族」は、子どものころからずっと変わっていない。全員で夕食を囲み、おしゃべりする。しかし、二〇〇七年二月にバラクが予備選出馬を表明すると、ミシェルも選挙運動に協力しなければならなくなった。選挙運動は彼女を必要とした。有権者は立候補者の妻に会いたがった。彼女ほど、バラクの良さを人々に伝えられる人物はいないのだ。ときにはバラクよりも人々の心を掴むのがうまかった。

選挙運動中、ミシェルは絶対的なルールを自分に課していた。子どもたちのサッカーの試合やバレエ発表会の日のような特別な日には、シカゴを離れない。また、一番大変だったのはどこで遊説していようと、子どもたちが寝る時間には家に帰らなければならないことだった。グウェン・イフィール記者に語っている。

「子どもたちは、ママは仕事をしているんだくらいにしか思っていませんでした。今日はニューハンプシャー州に行っているんだなんて思っていなかった。あまり気にしていませんでしたね」

マリアとサーシャが一番気にかけていたのは、選挙が終わったら買ってもらえる約束になっている子犬のことだったという。

どうしても帰ってこられないときは、彼女は母マリアンに子どもたちの世話を頼んだ。やがてマリアンは仕事を辞め、フルタイムで娘に協力するようになった。彼女は今もホワイトハウスで同じ役目を担っている。

ある選挙運動中に、ミシェルは母に感謝の言葉を述べた。

「おばあちゃん、ありがとう！」

マリアンには、予想していない言葉だった。それほど大変なことはないわよと言った。

「ミシェルは子どもたちを厳しく躾《しつ》けていますからね。私のやることはあまりないんですよ」

とレベッカ・ジョンソン記者に言った。母のそんな言葉をミシェルは訂正する。

「母はいつも、自分のことを控えめに言うんです」

子どもたちが父親の顔を見られるよう、ミシェルはアップル社のマックブックを二台購入し、ビデオチャットができるようにした。ミシェルは選挙運動中にホリー・イエーガー記者に語っている。

「選挙中はビデオチャットでしか会えない。でもできるだけ、娘たちの顔を見て、愛情を感じて、またがんばることができるようにしました。でもバラクはとてもつらそうです。ずっと娘たちに会いたがっていましたけどね」

ミシェルへの中傷

全米の人々がミシェルの人となりに慣れるには、それなりの時間を要した。ミシェルのユーモアは意表をついたものだったからだ。大統領候補者である夫をからかうような妻が、はたして他に何人いただろうか。ミシェルをよく知る人たちでさえは、彼女のジョークが有権者に通じていのるかどうか不安になった。選挙参謀のアクセルロッドは、当時『ニューヨーカー』誌のローレン・コリンズ記者に語った。

「私たちがヒヤヒヤさせられることもありますよ。彼女は根っからの正直者なんです。大勢の人たちの前に出ていって、ジョークでもなんでも思っていることをしゃべってしまう。それが政治的見地から妥当な言葉かどうかを考えてくれないんです」

イラク戦争に反対するバラクの考えを、ビル・クリントンが「おとぎ話」だと言ったことがあった。同じコリンズ記者にそのことについて聞かれたとき、ミシェルの政治的見解はこうだった。「いいえ」と言ったあと、ホラー映画の魔女のような声で、両手の爪で引っ掻くような仕草をしながら……。

「彼の目をくりぬいてやる！」

周囲のあわてた様子に、ミシェルは笑って付け加えた。

「冗談よ！　だから私って問題を引き起こすのよね！」

笑顔になれないこともあった。対立候補と一部のメディアの攻撃に加え、インターネット上でのさまざまな中傷にさらされ続けた。ミシェルは『ニューヨーク・タイムズ』紙に語った。

「どうしたらそんなひどいウソがつけるだろうって驚くことがあります」

人種偏見に根ざすものも多かった。アフリカ系アメリカ人がホワイトハウスに入居することを許せない人々は、ミシェルが白人を嫌っているという噂を流した。ミシェルが白人を「ホワイティ」（白人を侮辱的にいう俗語）と呼んでいる録音が存在するという話もあった。

ミシェルは反論した。

「ホワイティですって？　ジョージ・ジェファーソン（七〇年代のコメディドラマの登場人物）なら言いそうね。私のことを知らない人たちが言っていることです。私の歩んできた人生のことを知らないのです。私のことをなにもわかっていません」

そんな録音はどこからも出てこなかった。

バラクはヒラリーからの酷評にも苦しめられた。ヒラリーの人種問題に対する姿勢は、ミシェルのものと共通するようにも思えた。ABCニュースはミシェルにいじわるな質問をした。ヒラリーが民主党代表になれば、あなたは支持しますか？　ミシェルは答えた。

「よく考えてみる必要があります。彼女の政策や、信条や、人間性を、もっとよく考えてみなければなりません」

このとき、怒った様子を見せたことでミシェルは非難された。彼女はすぐにリチャード・ウルフ記者に語った。

「まるで考えていることを声高に口にしてはいけないみたいだわ」

メディアの攻撃は日を追うごとに卑劣になった。保守派のFOXニュースTVは、ミシェルのことを「バラクのベビー・ママ」と呼んだ。ベビー・ママは未婚女性を指す蔑称《べっしょう》であり、人種偏見の意味も含んでいた。FOXはまた、民主党大会でミシェルがバラクを拳で小突いたことを、「テロリストのジャブ攻撃」と呼んだ。

二〇〇八年二月、バラクの指名獲得が見えてくると、ミシェルはこう言わずにはいられなかった。

「大人になってからはじめて、私は自分の国を誇りに感じました」

そのとき彼女は「いままでもずっとそう思ってきました」と言うべきだっただろう。それは疑いのような事実だ。この発言が、民主党員は非米主義者の集まりであり、すべてのアフリカ系アメリカ人は白人に敵意を抱いていると受けとめられた。一部の政治の世界では、ミシェルのこの発言は問題視され、繰り返し報道された。

当時、クレイグはマーク・パティンキン記者に語った。ミシェルの兄はバスケットボールにたとえたのだ。オバマ・チームはクリントン・チームを打ち負かそうとしていた。後にはジョン・マケイン・チームに対しても試合を有利に運んだ。

「負けそうになっているチームは挽回しようとしてなんだってやりますよ。ヒジ打ちも、ファールプレイも。ただ、これはとても重要な事なんです。その人が行ってきた戦略どおりの結果しか出さないです」

ホワイトハウスという「自宅兼仕事場」

中傷攻撃が下火になったのは、いくつかの理由からだった。ひとつは、相手を攻撃すればするほど、自分の人気が下がったからだ。ヒラリーも、続くマケインも、副大統領候補のサラ・ペイリンも、バラクやミシェルの人間性を批判するたびに、支持を失っていった。同時にミシェルの人気は高まった。中傷であれなんであれ、ミシェルのニュースにふれるほどに、人々はますます彼女に好感を抱くようになった。攻撃は裏目に出たのだ。クレイグはこれを「マジカル（魔法のよう）だ」と語った。

「夜ベッドに入って、朝目を覚ますとティンカーベル（『ピーターパン』に出てくる妖精）になっていたようなものだよね」

二〇〇八年一一月四日の投票日まで数週間を残す時点で、ミシェルもバラクも勝利を確信した。民主・共和両党の世論調査に動きは見られなくなっていた。よほど重大なことでもないかぎり、結果は明白だった。マケインも同じように感じていた。

オバマ・チームはラストスパートをかけてゴールを目指した。選挙前のミシェルの不安はもう消えていた。彼女は別のことを心配しはじめていた。さまざまな最悪のシナリオを想い描きはじめていた。だが彼女は、歴代ファーストレディのだれをお手本にするかについては、思い悩む必要はなかった。リチャード・ウルフ記者に言った。

「他のだれかの真似はできません。私は、与えられた役割の中で最善を尽くしていきます。長所も、短所も、口うるさいのも、心配性なのも、私なんです。それにたくさんの夢と希望ももっています」

夢のうちのいくつかは、まったくの個人的なものだろう。「マム・イン・チーフ」（米国最高ママ司令官）を自任する彼女にとって、ホワイトハウスに住むことの利点のひとつは、夫が自宅で仕事ができることだ。スプリングフィールドでの州議会議員時代、ワシントンD.C.での上院議員時代、そして一年八カ月にわたる選挙運動を経て、ミシェルはようやく家族そろってひとつ屋根の下に住むことができる。

希望のほうはもっと広がりを見せてゆくだろう。民主党全国大会で、ミシェルは子どものころからずっと携えてきた人生の不変のテーマを声高らかに謳いあげた。

「バラクと私は、娘たちに――そしてこの国のすべての子どもたちにわかってほしいと願っています。夢と希望をもち、目標に向かって努力する強い意思さえもち続けていれば、どこまでも高く登れます。限界などないのです」

ミシェルの生き方そのものが、それを自らの努力で証明している。

解説

井上篤夫

ミシェルの子育て法「五カ条」

二〇〇九年二月。

バラク・オバマの米大統領就任から一カ月後、私はシカゴにいた。

オバマが歴史に残る大統領選挙の勝利宣言をしたグランドパークが眼下に広がっている。

史上初のアフリカ系アメリカ人が米大統領になった。このことが、人々にどのような変化をもたらしたか。とりわけ、アフリカ系アメリカ人の人々にとって、いかなる意識の変化が見られるのか。私はこの目で確かめたいと思った。

まず私が訪《たず》ねたのは、幼い日、ミシェル・オバマが通ったブラン・マー小学校（現・ボシェット・マス&サイエンス・アカデミー）である。

キム・マーフィー＝シムス校長は私の訪問をとても歓迎してくれた。日本から初めての取材だったという理由だけでは、むろんなかった。

「私たちボシェット・スクールの関係者はみな、ミシェル・オバマがこの小学校の卒業生だということを、とっても誇りに思っています。生徒たちの目の輝きも違ってきました」

ミシェルが通った小学校は、黒人が多く住む地域で、取材前日も周辺で殺人事件があったという。

「地元の小学生たちが多く、近くでは暴力があり、教育レベルも（ミシェルがいた当時より も）低下しつつありました」

ところが、ミシェルがファーストレディになったことで、子どもたちの表情が一変した。

「自分たちのことを語り、私たちだって、夢を叶えるんだって、口々に言うようになりました。大きな意識の変化が子どもたちに起きています」

マーフィー＝シムス校長は胸を張って答えた。


二〇〇九年一月二〇日、世界数十億人の注視する中、第四四代米大統領バラク・オバマが就任式で宣誓演説をした。

「いま、求められているのは新しい責任の時代を築くことです。私たちは自分自身に、国家に、世界に対して責任を負っています。それは受け入れる価値があるものです」

演説を熱い眼差しで見守った、オバマ家の「ママ司令官」を自任するファーストレディ、ミシェルはマリア（一〇歳）とサーシャ（七歳）、二人の娘の子育てをどのように考えているのだろう。

「他になにがうまくできても、子育てに失敗したらおしまいよ」

元米大統領ジョン・F・ケネディのファーストレディ、ジャクリーンの言葉をミシェルはしっかりと心に留めている。

ジャクリーンは子どもたちのためにホワイトハウスの庭に大きな遊び場を作った。トランポリン、ジャングルジム、すべり台、ブランコ、シーソーまで。

ジャクリーンは子どもたちに温かい料理を食べさせたかった。地下で料理されたものを運ぶやり方を改め、ダイニング・キッチンを作った。

ミシェルもホワイトハウスを改装するつもりだ。

「二人の娘が走り回って遊べる、自由で喜びにあふれるホワイトハウスにしたい」

姉のマリアはサッカーやダンスを、妹のサーシャは器械体操とタップダンスを習っている。さらに二人一緒にピアノやテニスを習ったりと、とても活動的だ。

そんな娘たちのために「大好きなレモンパイのデザートをみんなで楽しみたい。できるだけ子どもたちに温かい食事を食べさせてあげたい。その工夫をしたいの」

ミシェルはファーストレディであるだけでなく、優秀な弁護士で、二人の娘の母でもある。だが、ミシェルはきっぱりと言う。

「私の優先順位は母、妻、仕事」

ミシェルは、二〇〇九年一月一七日に四五歳の誕生日を迎えた。家族はシカゴからワシントンに向かう列車の中にいた。娘たちはミシェルに目隠しをして手作りの「レイ」を首にかけた。揃って誕生日を祝うことができたことをとても幸せに感じている。

「(ホワイトハウスに入ってからも) こういった時間を大切にしたい。これまでと同じようにバラクといろんなことを話しあって決めていきたい」

事実、オバマ夫妻は将来のことや子育て、日常の細かなことまで二人で相談し、ときに激論を戦わせて決めてきた。そして決めたルールは守り抜いた。

「夫には帰りが遅くなるときや遊説で戻れないときは、娘たちの就寝時間に合わせて電話をしてもらっています。そして、長い間、留守をして家に戻ってきたときには子どもたちにパパを独占する時間を作ってあげます。そのとき私は仕事をしています」

夫婦は「できるだけ家族一緒に食事をする」「礼儀正しく挨拶をする」「他人に対して優しくする」といったコモンセンス(当たり前)と思えることを大切な価値観としてきた。

ミシェルはホワイトハウスに入るにあたってヒラリーに「ファースト・ファミリーの子育

て」について相談をした。ビル・クリントンとヒラリーは、娘チェルシーのプライバシーに神経質で、メディアの取材を禁止し、写真撮影も許可しなかった。ミシェルはヒラリーの助言を取り入れるつもりだ。

「今までのように普通の娘として育てたい」

オバマ家の教育方針は、アメリカの伝統的な価値観に則《のっと》ったものである。その五つのルール。

1、約束は大人も子どもも守る

「何時に家に戻る」と言った約束も、必ず守るために最大限の努力をする。破ってしまった場合は素直に謝る。久しぶりに家に帰った親であっても、子どもとの約束を破ったときは謝るのだ。これは、親と子がお互いに信じ合うために大切なことだ。

父は娘たちとの「犬を飼ってあげる」という約束を果した（ポルトガル・ウォーター・ドッグ）。これは両親が守る約束だ。約束は、「神との約束」でもある。

2、人との垣根を作らない

「夫は、異なる意見を取り入れるのがとても得意なの」とミシェルは言う。

バラクはハワイ生まれで、インドネシアにも住んだことがある。「世界人」を自負する彼の特技は「誰とでも笑顔で仲よくなれること」。子どもにもそうあってほしいと思っている。幸い、この気質は二人の娘も受け継いでいるとミシェルは感じている。とてもオープンに人と接し、友だちも多い。これからも人と率直にかかわってほしい。

3、愛情を注ぎながら厳しく

姉のマリアは微妙な年頃にさしかかり、父の選挙運動のときも「私には関係ないわ」と冷ややかだった。しかし少しずつ「パパのやっていることはすごい」と言うようになった。就任演説の前には、「米国初のアフリカ系大統領さん、すばらしい演説をお願いね」とクギを刺すことも忘れない。

両親は、そんな少しおませなマリアも、可愛いさかりのサーシャも愛情で包み込んでいる。機会あるごとに、「愛しているよ」と言って「ハグ（抱きしめる）」する。

「毎日必ず掃除や食事の後片づけを手伝わせています。ありがとうの言葉、礼儀正しさを忘れないように躾けています」とミシェル。

部屋を散らかしたら自分で責任をもって片づけさせるなど、厳しく育てることを忘れない。

4、想像力を育てる

人間として最も大切なことは「自分」以外の人の気持ちを理解すること。それには想像力が不可欠だ。父バラクは他の人に共感する心を育てるためにもっとも有効なのは読書だと常に言い、両親はベッドで娘たちに本を読み聞かせている。

5、夢を大事にする

娘たちは、まだ将来何になりたいという明確な「夢」を口に出して言ったことはない。ママのように弁護士になりたいと言うかもしれない。パパのように政治家になりたいと言いだすかもしれない。

「子どもたちの夢が叶う限界のない世界を作ってあげたい。二人にはそれぞれの目標を達成するため努力してほしい」とミシェルは言う。

大統領選に勝利して、初めてオバマが二人の娘を学校に送って行くときにカメラマンが執拗に追いかけた。いつもクールなバラクが珍しく声を荒げた。

「もういいだろう！」

バラクもミシェルも全身全霊で子どもを守る。

「私たちは子供たちの未来に責任を負っています。そのための最小単位家族。お互いに尊敬し、信頼できる存在でい続けたい」とミシェル。

「毎晩家族で夕食のテーブルを囲む」というのが、バラクとミシェルが同意した家族のあり方。合衆国大統領たる夫は何事にも全力を尽くすタイプ。子育ては妻の肩にかかっている。「どこの家庭でも、早く帰ってトイレの故障を直すのは女性です。子どもたちを見ていて、父が不在がちなのは悪影響を及ぼしてはいません。夫の政治活動に不平を言いません」

力強い母に守られてオバマ家の「ファースト・キッズ」がどう成長していくか楽しみだ。

夫婦はイコール・パートナー

バラク&ミシェル・オバマ夫妻のあり方は新しい時代のシンボルであり、アメリカを変える力になると期待されている。

ファッション誌や女性誌はミシェルのことを「Mrs.O」（ミセス・オー）と呼びはじめた。敬意と親しみを込めてのこと。クラシックなニュアンスのある粋なニックネームだ。選挙運動中からミシェルのファッション・センスは注目を集め、「絶賛」に近い好評を得るようになった。長身に加え、ジムで鍛え上げた抜群のプロポーションは、トップモデルにも負けないほど「クール」で「エレガント」であり、大衆がこぞって真似したがるファッション・リーダーとなったのである。テレビ出演で着たカジュアルな既製服――GAPのノースリーブ・

ワンピースやJ・クルーのアンサンブル、ホワイトハウス・ブラックマーケットのプリント・ワンピース――などは全米で飛ぶように売れた。

ミシェルが大統領就任式とパレードで披露したのはイエローゴールドのガウン。ニューヨーク在住のキューバ系アメリカ人女性デザイナー、イザベル・トレドのもの。前年のクリスマスから制作を開始していたという。豪華すぎず、シックで、品のある装いだったと言えるだろう。光り輝く金色の刺繍は「自信」と「希望」を表現したものだ。

娘たちのオーバーコートとスカーフの単色コーディネートも、ミシェルのアイデアだそうだが、星条旗の色だった。長女マリアの青は「若さ」を、次女サーシャの赤は「情熱」を表していた。

こうしたファッションだけでなく、新時代のシンボルとしての夫婦のあり方に、いま、世界中の関心が集まっている。

「あなたは知らない事態に遭遇したとき、どう対処しますか?」

二〇〇八年一〇月七日、テネシー州、共和党ジョン・マケイン大統領候補との二回目の討論会で司会者が質問を投げかけた。

民主党のオバマ大統領候補は会場を見まわしながら、笑顔で答えた。

「妻のミシェルが会場に来ていますが、私はいつも彼女から学んでいます。私より、ずっと多くの答えを知っていますからね」

妻のミシェルは微笑んでいた。

事実、バラクはこれまで家庭のことだけでなく、仕事の面でもミシェルに助言を求めてきた。ミシェルは「ファーストレディという役職はない」という。しかし、歴代ファーストレディは、それぞれの役割を果たしてきた。ミシェルが、もっとも彼女らしさを発揮できるのは「教育」、とりわけ公立学校の改革である。この問題には夫バラク以上の見識をもっている。教育だけではない。彼女はシカゴ市の幹部職員として、あるいはシカゴ大学病院から委嘱《いしょく》されて、地域と公共機関の関係改善など様々な改革の現場を経験し、どこでもその手腕を高く評価されてきた。今後、夫婦としてのパートナーであるだけでなく、大統領の「有能な参謀」としての役割も間違いなく担ってゆくはずだ。そういう意味でも、二人の関係は、限りなく「イコール・パートナー（対等な伴侶）」と言えるだろう。

日常の挨拶や他人に対する優しさなど、二人の共通した価値観として「当たり前（コモンセンス）と思えること」をも大事にしてきた。

これまでのファーストレディは、ジョージ・ブッシュ前大統領夫妻などにみられるように、「夫を献身的に支える良妻型」が主流だった。

そして、「私がビルを大統領にしたのよ」と言わんばかりのヒラリー・クリントンのような「女性優位の」カップルが登場して注目を浴びたこともある。

だが今日、オバマ夫妻はどちらが主でも従でもない「イコール・パートナー」。アメリカはいま、金融危機、戦争、テロ、人種などによってバラバラに分断されている。人びとはもう一度、この国を「一つにしたい」と渇望している。だからこそ、調和を第一にするオバマとミシェルに大きな期待を寄せ、これまで選挙に無関心だった人びとも数多く投票をした。

二〇〇七年一月、バラクが米大統領への立候補を表明したとき、周囲の多くが反対した。長身で、チョコレート色をした肌に、鹿を思わせる穏やかな瞳、笑うと白い歯がこぼれるハンサムで精悍な男は頭脳明晰に加え、人を惹きつける抜群のスピーチ力をもっていた。だが、上院議員になって一期目、多くが「経験不足」を懸念した。

しかし、オバマは法廷で最終弁論をする弁護士のように出馬への決意を力強く訴えた。そして最後にこう付け加えた。

「ミシェルが反対したら、立候補しません」

今こそ、世の中を「変革（チェンジ）」したい。「黒人のためのアメリカ、白人のためのアメリカでもない――男女の区別のない、世代の壁さえ取り払った一つのアメリカを作りたい」とオバマは熱意を込めて訴えた。

力強い演説はオバマだけのものではない。演説に立つこともあるミシェルはそこでこう言い切る。

「私たちには強い心があります」

ミシェルの芯の強さは、テレビのインタビューなどにも表れている。誰も番組に出演することさえ躊躇するCNNテレビのベテラン司会者、ラリー・キングのちょっと意地悪な質問にも、ミシェルはたじろがなかった。

「人格攻撃などオバマに対する中傷が続いていますが、不快ではありませんか?」

「腹など立ちません。考えているのは夫の演説の内容だけです。家に戻ってくれば、夫はテレビでバスケの観戦で、私はベッドに横になったら一分と目を開けていられない」

夫を支えるミシェルの強さが実はオバマのカリスマ性を引き立てている。

ミシェルは相手に敬意を払う余裕さえ見せる。

「彼が他人に腹を立てるのは不平等な考え方や行動に遭遇したときです。まだ、世の中には不平等なことがあふれています。(共和党の副大統領候補)サラ・ペイリン女史は一所懸命に働いています。母、妻として、人間としても立派です。この国には待遇の面などで女性に対する不平等さがあるのです。これを克服しないとなりません」

バラク・オバマは、ハワイ大学の学生だった母アン・ダナムとケニアからの留学生だった父バラク・オバマ・シニアとの間に、ハワイのホノルルで生まれた。母はバラクの実父と別れたあと、インドネシア人と再婚。その関係で、バラクは少年時代の一時期をインドネシアで過ごしている。

一方、ミシェル・ロビンソンはシカゴの普通の黒人家庭で育った。

一九九二年、二人は結婚した。夫三一歳。妻二八歳。

大統領選の最中の大切な結婚記念日、「結婚一七年になる」と報道陣に答えたオバマは、ミシェルに謝った。本当は一六年。

「お詫びに、今夜のディナーは奮発します」とオバマは神妙な顔で答えた。

「たとえ意見の対立があったとしても、お互いに認め合って、どうすれば協力できるかを考える。力を合わせ、前に進んで行かなければなりません。その最小単位が夫婦や家族でもあるのです」とミシェルは言う。

オバマ夫妻のもつ「共感力」に、これからアメリカ人のみならず、様々な困難を抱え孤独にあえぐ世界中の人々が期待している。

いま、愛の奇跡

バラクはアメリカの大衆人気雑誌『パレード』誌（二〇〇九年一月一八日付）を通じて二人の娘に公開書簡を送った。

手紙は、自分がなぜ大統領に立候補したかについて率直に述べている。

「パパは若いころ自分のことしか頭になかった。この世の中で自分がどう生きてゆくかしか考えていなかった。成功し、欲しいものを手に入れることだ。そして、そんなパパの人生に君たちが加わった。好奇心いっぱいでいたずらっ子――君たちの笑顔はパパの心を満たしてくれ、毎日を明るくしてくれた。すると、パパがそれまで考えていたような自分のことなんか、急に無意味になってしまった。パパの人生の一番の喜びは、君たちの幸せなんだって思うようになった。君たちが幸せになり、満ち足りた人生を送ることができなければ、パパの人生に意味はないと気づいたんだ。娘たちよ、だからパパは大統領に立候補した。君たちに――この国のすべての子どもたちに幸せになってほしいからなんだよ」

バラクは子どもたちに政治家として何をしたいかを語る。

「子どもたちができるだけ良い学校で学べるようにしたい。子どもたちに希望を与え、向上心を育《はぐく》み、世の中はすばらしいものなんだとみんなが思えるようにしたい。裕福な家に生まれなくても大学に進学できるようにしたい。いい仕事に就いてほしい。給料が良くて、医療保険のある仕事だ。自分の子どもたちと過ごせる時間があって、なんの心配もなく引退できるような仕事だ」

「進歩を押し進め、技術革新を推進し、君たちがもっと安心してきれいな空気の中で生きてゆけるようにしたい。人々の垣根もなくしたい。お互いの長所を見えなくする、人種や地域、性別、宗教の違いという壁を乗り越えてほしい」

バラクは娘たちに希望を託す。

「限りない夢を抱くことのできる世界の中で生きていってほしい。手の届かない望みなどない世界で。そんな世界を作るための力になれる、思いやりのある、責任感のある女性になってほしい。君たち二人が得られるすべてのチャンス——学び、夢を見、成長できるあらゆるチャンスを、すべての子どもたちも手にしてほしい。だからパパはこの道を選んだ」

そして、バラクはこう結んでいる。

「君たち二人はパパの誇りだよ。君たちが思っているよりももっと、パパは君たちのことを愛している。パパは毎日、ホワイトハウスで新しい生活をはじめるための準備をしながら、君たちの我慢強さ、落ち着いた態度、親切さ、そしてユーモアいっぱいの明るさに感謝しているよ。——愛をこめて、パパより」

今回、私はシカゴを一五年ぶりに訪れたが、今も黒人と白人との「差別意識」は根強く残っているのを感じた。シカゴの北と南で、住む人々が違っていることだ。

シカゴ北部に住む人々は、けっしてまだ荒廃のあとをとどめる南部には行かない。

「午後二時を過ぎたら危険だよ。私は一生、その場所には行かない」と断言する人もいる。

これは一五年前と変わっていなかった。

だが、かつてミシェルが通った公立の名門ホイットニー・ヤング高校の生徒の一人、アフリカ系アメリカ人のナヤマリー・ウィルキンズが目を輝かせながら言う。

「私の夢は母のようにジャーナリストになること。母やミシェルのように、自分の成りたいものになれるような気がする」

ミシェルが受けたロビンソン家の愛、夫婦で築き上げてきた愛、そして、子どもたちへの深い愛。

シカゴの貧しい黒人居住区に生まれた少女がファーストレディになった。あのすさまじい人種差別の歴史、暴力の嵐を少しでも知っていれば、これこそが「奇跡」だということが理解できるだろう。なぜ、ミシェルに奇跡が起こったのか？「両親から愛されて、慈しみを受けていることを一瞬たりとも疑ったことはありません」と語った少女は、アメリカ人がひとしく愛し、憧れるファーストレディになった。それもバラク・オバマと運命的な出会いがもたらした愛。彼女の半生を辿《たど》るといつも愛の力によって数々の困難を乗り越えてきたことに気づく。その愛の力は、ますます輝きをまして、さらに堅固なものになっていくに違いない。

巻末資料

ミシェル・オバマ略歴

一九六四年　一月一七日、シカゴで出生
八一年　ホイットニー・M・ヤング・マグネット高校卒業
八五年　プリンストン大学卒業
八八年　ハーバード・ロースクール卒業
シカゴのシドリー&オースティン法律事務所に就職
八九年　バラク・オバマと出会う
九一年　父フレイザー死去
法律事務所を退職し、シカゴ市長のスタッフに
九二年　バラク・オバマと結婚
九三年　NPO団体パブリック・アライズのシカゴ支部事務局長
九六年　シカゴ大学の学生支援センター教務主任
九八年　長女マリア・アン誕生

二〇〇一年　次女ナターシャ（サーシャ）誕生
〇二年　シカゴ大学病院、地域総務部理事
〇四年　夫バラク・オバマが民主党全国大会で基調演説を行ない、上院議員に当選。
〇五年　シカゴ大学病院、渉外・広報担当
〇七年　夫バラク・オバマ、民主党大統領候補指名選挙へ出馬
〇九年　夫バラク・オバマ、第四四代米合衆国大統領に就任

Tracing Back Her Family Line

ロビンソン家の家系図

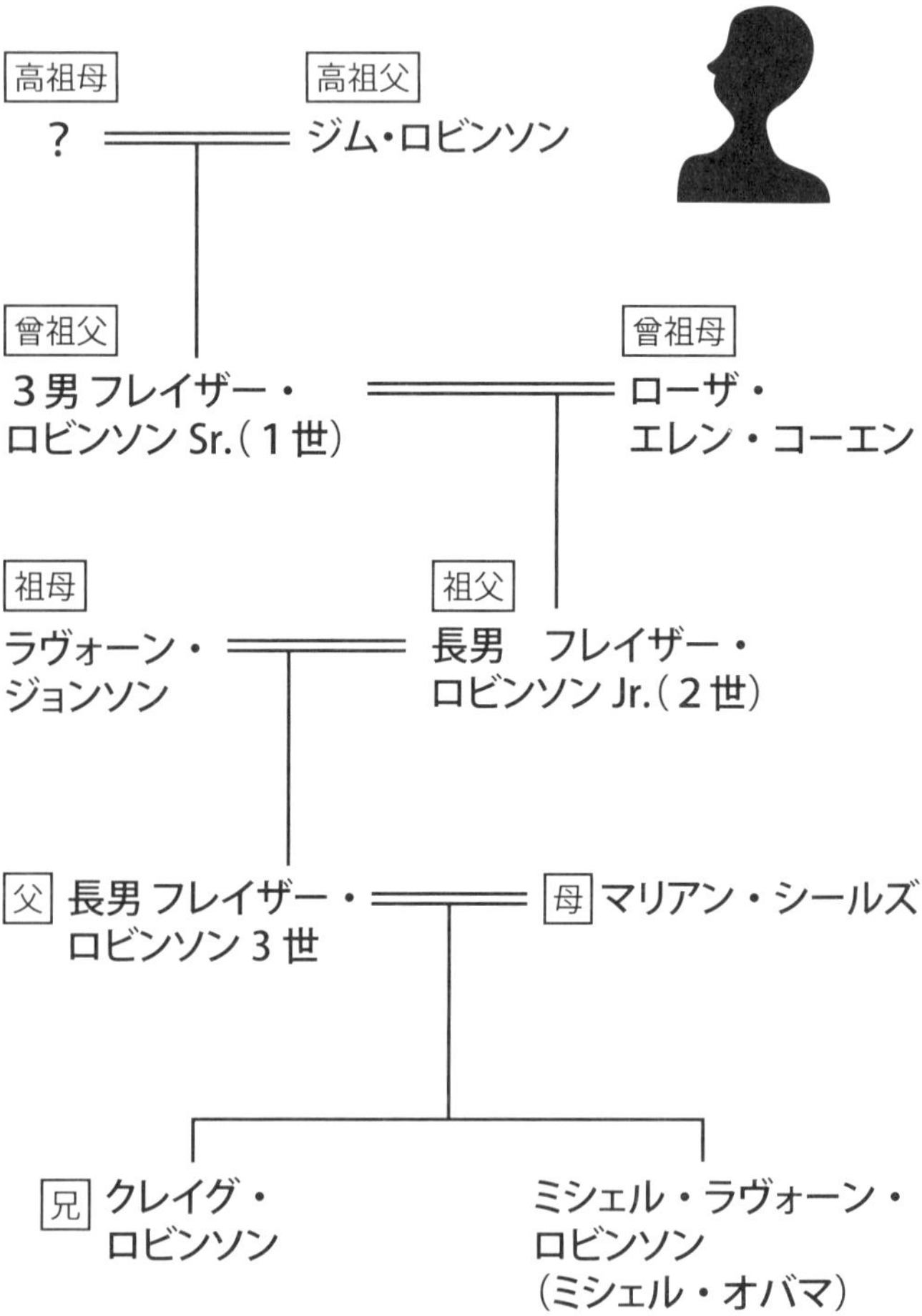

Tracing Back Her Family Line
ミシェル・ロビンソンの家系

◆ジム・ロビンソン

〔生年〕一八五〇年ごろ?

〔生地〕サウス・カロライナ州ジョージタウン?

フレンドフィールド農園で奴隷として使役されていたが、南北戦争後自由の身となる。以後も同じ農園で雇われていたか、小作農民だった。

◇高祖母　不明

◆フレイザー・ロビンソンSr.（一世）

〔生年〕一八八四年

〔生地〕サウス・カロライナ州ジョージタウン

三男。一〇歳のころ片腕をなくす。製材所のかまど係、靴職人、新聞の売り子を兼業していた働き者。

◇ローザ・エレン・コーエン

〔生年〕不詳（一八七一年?）

〔生地〕不詳（サウス・カロライナ州?）

一八世紀後半にヨーロッパから渡ってきたユダヤ人農園主と黒人奴隷の子孫?

◆フレイザー・ロビンソンJr.（二世）

〔生年〕一九一二年

〔生地〕サウス・カロライナ州ジョージタウン

ミシェルの祖父。九人兄弟の長男。十八歳のころに製材所で働きはじめるも大恐慌のあおりを受け失業。シカゴへ移住し郵便局に勤務。定年後、夫婦でジョージタウンに戻って暮らしている。

◇ラヴォーン・ジョンソン
〔生年〕一九一五年
〔生地〕イリノイ州シカゴ
大移住期初頭にミシシッピー州から移住してきた一家の娘。ミシェルの祖母。ラヴォーンはミシェルのミドルネーム。

◆フレイザー・ロビンソン三世
〔生年〕一九三五年
〔生地〕イリノイ州シカゴ
ミシェルが敬愛する謹厳実直な父。市の職員。三〇歳のころ多発性硬化症を発症し、電動カートで生活。誠実さと不屈の精神の手本となった。一九九一年死去。

◇マリアン・シールズ
〔生年〕一九三七年
〔生地〕イリノイ州
ミシェルが敬愛する明るく活発な母。勤勉さと向上心を子どもたちに植え付けた。現在はオバマ夫妻とホワイトハウスに同居。

◆クレイグ・ロビンソン
〔生年〕一九六二年
〔生地〕イリノイ州シカゴ
ミシェルの二歳上の兄。プリンストン大学卒業後ウォールストリートで働くも、人生を軌道修正。現在はオレゴン州立大学男子バスケットボール・チームのヘッドコーチ。

◇ミシェル・ラヴォーン・ロビンソン
〔生年〕一九六四年一月一七日
〔生地〕イリノイ州シカゴ
法律家。バラク・オバマと結婚。米国史上初のアフリカ系アメリカ人ファーストレディとなる。

ミシェル・オバマ関連地図

デヴィッド・コルバート
アメリカの大手出版社ハーパー・コリンズなどで編集部長を務めた後、作家生活に入る〈10Days〉シリーズを初めとする偉人の伝記や歴史物でアメリカ国内外で高い評価を得ている。その著書は現在世界の約30カ国語に訳され、総部数200万部を誇る。最近刊『ハリー・ポッターの魔法の世界』は、同シリーズの何百という手引き書の中で『ハリー・ポッター』の著者、K・ローリング自身がもっとも気に入っているという。

井上篤夫（いのうえ・あつお）
1947年岐阜県生まれ。作家、翻訳家。早稲田大学文学部中退。アメリカ事情全般に詳しく、数多くの著書がある。特に歴代大統領については造詣が深く、近著に『ポリティカル・セックスアピール〜米大統領とハリウッド』がある。著書に『追憶マリリン・モンロー』『アメリカの原点、ボストンをゆく』『志高く　孫正義正伝』など多数。主な訳書に『今日という日は贈りもの』『ネイティヴ・アメリカンの教え』などがある。

ミシェル・オバマ
愛が生んだ奇跡

二〇〇九年四月一日　初版第一刷発行
二〇〇九年四月二十日　初版第二刷発行

著者　デヴィッド・コルバート
訳者　井上篤夫
装丁　山本ミノ
発行者　宮島正洋
発行所　株式会社アートデイズ
〒160-0008　東京都新宿区三栄町17 V四谷ビル
電話（〇三）三三五三―二二九八
FAX（〇三）三三五三―五八八七
http://www.artdays.co.jp
印刷所　図書印刷株式会社